Thomas Lorenz
Stefan Oppitz

30 Minuten

Menschen und Gespräche führen

Bibliografische Information der Deutschen Nationalbibliothek

Die Deutsche Nationalbibliothek verzeichnet diese Publikation in der Deutschen Nationalbibliografie; detaillierte bibliografische Daten sind im Internet über http://dnb.d-nb.de abrufbar.

Umschlaggestaltung: die imprimatur, Hainburg
Umschlagkonzept: Martin Zech Design, Bremen
Lektorat: Dr. Sandra Krebs, GABAL Verlag GmbH/Offenbach
Grafiken: a-m-t management performance ag, Radevormwald
Satz: Zerosoft, Timisoara (Rumänien)
Druck und Verarbeitung: Salzland Druck, Staßfurt

2., überarbeitete Auflage 2018 des im Jahr 2015 unter dem Titel „30 Minuten Sprach-Führer zum Erfolg" (ISBN: 978-3-86936-674-6) erschienen Buches

Hinweis:
Das Buch ist sorgfältig erarbeitet worden. Dennoch erfolgen alle Angaben ohne Gewähr. Weder die Autoren noch der Verlag können für eventuelle Nachteile oder Schäden, die aus den im Buch gemachten Hinweisen resultieren, eine Haftung übernehmen.

Printed in Germany

ISBN 978-3-86936-861-0

In 30 Minuten wissen Sie mehr!

Dieses Buch ist so konzipiert, dass Sie in kurzer Zeit prägnante und fundierte Informationen aufnehmen können. Mithilfe eines Leitsystems werden Sie durch das Buch geführt. Es erlaubt Ihnen, innerhalb Ihres persönlichen Zeitkontingents (von 10 bis 30 Minuten) das Wesentliche zu erfassen.

Kurze Lesezeit

In 30 Minuten können Sie das ganze Buch lesen. Wenn Sie weniger Zeit haben, lesen Sie gezielt nur die Stellen, die für Sie wichtige Informationen beinhalten.

- Alle wichtigen Informationen sind blau gedruckt.
- Schlüsselfragen mit Seitenverweisen zu Beginn eines jeden Kapitels erlauben eine schnelle Orientierung: Sie blättern direkt auf die Seite, die Ihre Wissenslücke schließt.
- *Zahlreiche Zusammenfassungen innerhalb der Kapitel erlauben das schnelle Querlesen.*
- Ein Fast Reader am Ende des Buches fasst alle wichtigen Aspekte zusammen.
- Ein Register erleichtert das Nachschlagen.

Inhalt

Vorwort

Verstehen Sie dieses Buch als einen Reiseführer durch die Vielfalt der Gespräche, quasi ein „Sprach-Führer zum Erfolg“. Lassen Sie uns diesen Sprach-Führer mit einer Führung durch die Vielfalt der Bedeutung des altgriechischen Begriffs „logos“ beginnen. Je nach Zusammenhang oder Übersetzung liegt die Verwendung von „logos“ bei *Wort, Sinn, Rede, Berechnung* oder sogar *Tat*. Offenbar kann sich schon hinter einem einzelnen Wort so Verschiedenes verbergen. Da fällt es schwer, dieses Wort so zu nutzen, dass sich für jeden dasselbe daraus ergibt. Nicht nur die „Babylonische Verwirrung“ zwingt uns, Worte in unterschiedliche Sprachen zu übersetzen, sondern auch die „Deutung“ führt selbst bei Menschen gleicher Muttersprache zu Irritationen.
Eine solche Irritation beschäftigt schon Goethes Faust, als dieser dem Begriff „logos“ bei seiner Übersetzung der Bibel begegnete: „Geschrieben steht: ‚Im Anfang war das *Wort*!‘ Hier stock ich schon! Wer hilft mir weiter fort?“ Dabei ringt Faust neben der Übersetzung auch um die Bedeutung, um die Semantik des Wortes.
Kommen für den Sprechenden darüber hinaus noch die persönlichen, emotionalen Besetzungen des Wortes, also Lebenssituationen, in denen das Wort bisher eine Rolle spielte, hinzu – versteht er oder sie den Nutzen eines Sprach-Führers.
Dieses Buch kann in 30 Minuten keine Darstellung der breiten wissenschaftlichen Diskussion um Sprache,

Wirklichkeit und Wahrheit bieten. Es fragt auch nicht, wie souverän und sympathisch Inhalte vorgetragen werden (vgl. Lorenz/Deuser, 30 Minuten So geht Vortragen). Was das Buch will, ist Muster von Sprechen, Zuhören oder Fragen aufzuzeigen und bedenkbar zu machen. So können Sie damit Ihr Leben erfolgreich durch Sprache gestalten. Entlang dieser Muster zeigen und reflektieren wir praktische Werkzeuge, mit denen, bewusst eingesetzt, Ihre Gespräche gelingen werden. Selbst wenn Kritikgespräche eskalieren, Feedback tief verletzt und „aus einer Mücke ein Elefant" wird, gibt es erstaunlich einfache Werkzeuge, um Fakten zu benennen, unterschiedliche Deutungen zu erkennen und Auseinandersetzungen zu deeskalieren.
So sind Sie dann – egal ob im privaten oder beruflichen Kontext – auf verschiedenste Situationen optimal vorbereitet und auch erfolgreich. Sie sehen, es gibt genügend Anlässe, diesen Sprach-Führer zu nutzen. Greifen Sie zu den unterschiedlichen Tools. Der Werkzeugkasten ist gut gefüllt. Gehen Sie in vielen Kommunikationssituationen Ihres Alltags effektiver ans Werk.
Wir danken Prof. Rupert Lay und Dr. Helmut Mühlbauer für die Unterstützung bei der Arbeit an diesem Buch.
Ihnen wünschen wir nun viel Freude bei semantischen und emotionalen Interpretationen unserer Worte und der Nutzung unserer Werkzeuge.

Ihr
Thomas Lorenz und Stefan Oppitz

Werkzeuge wert-vollen Sprechens

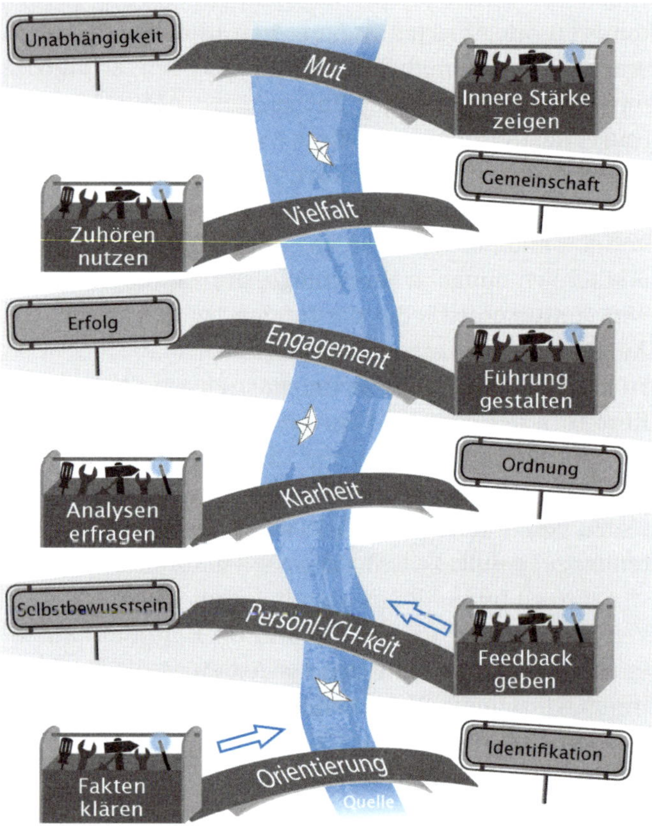

© A-M-T AG, 2017

Abb. 1: Werkzeugregal erfolgreicher Kommunikation

Wer gezielt verreist, braucht oft einen guten Reiseführer, wer gezielt sprechen will, dem nutzt ein Sprachführer. In guten Führern finden Sie meist sinnvolle Insidertipps. Ein solcher Tipp in unserem Sprach-Führer kommt vom amerikanischen Psychologen Clare W. Graves. Er beschreibt besondere, aufeinander aufbauende Werte, die uns Antrieb geben. Vergleichbar einer Tourenkarte lassen sich diese Werte als Orte entlang einem Fluss darstellen. An der „Quelle" finden wir den Wert Identifikation. Weiter geht es über Selbstbewusstsein, Ordnung, Erfolg, Gemeinschaft und Unabhängigkeit immer weiter flussabwärts (vgl. Lorenz/Höcker, 30 Minuten Wert-voll leben).

Um im Bild zu bleiben, spannen sich über den Fluss Brücken, die uns erst von Ort zu Ort gehen lassen. Um diese Brücken bauen zu können, bedarf es aber geeigneter Werkzeuge, die wir für Sie bereitstellen. Nutzen Sie, was zu Ihnen passt:

Fakten bauen die Brücke der Orientierung,
Feedback gestaltet die Brücke der Persönlichkeit,
Analyse richtet die Brücke zur Klarheit hin aus,
Führung begleitet über die Brücke zu Engagement,
Zuhören verbreitert die Brücke der Vielfalt,
Innere Stärke stützt die Brücke und führt zu Mut und Resilienz!

Nutzen Sie die Werkzeuge bewusst für wertvolle Gespräche – Sie werden weniger daherreden.

30 MINUTEN

Wie unterscheiden Sie, was real ist und was nur in Ihrer Wirklichkeit besteht?

Seite 12

Wieso verstehen Menschen oft Unterschiedliches trotz gleicher Worte?

Seite 14

Wie gehen Sie mit prinzipiell nicht lösbaren Fragestellungen um?

Seite 22

1. Deutungen sind der Fakten Tod

Man muss die Tatsachen kennen, bevor man sie verdrehen kann.

Mark Twain

Dieser erste Werkzeugkasten schafft Orientierung in einem Gewirr von Aussagen und Mehrdeutigkeiten unserer Sprache. Allzu oft halten Menschen ihre Betrachtung der Welt für die Realität dieser Welt. Wenn aber die reale Welt so wäre, wie die einzelne Person sie sieht, woher kommen dann unterschiedliche Weltanschauungen?

1.1 Über die Wirklichkeit der Wirklichkeit

Wie sieht ein realistisches Bild unserer Wirklichkeit oder ein wirkliches Bild unserer Realität aus? Darüber philosophieren die Gelehrten seit der Antike. Auch wir werden in diesem Buch immer wieder vor der Frage stehen: Was ist wirklich da und was wird nur so betrachtet, als wäre es da? Es ist die Frage nach dem Dasein und Sosein, nach Realität und Wirklichkeit, nach Fakt und Deutung. Diese Frage ist für die Nutzung von Kommunikationswerkzeugen so zentral, dass wir ihr den ersten Werkzeugkasten widmen.
In der Literatur gehen die Begriffe Realität und Wirklichkeit oftmals durcheinander. Beschreibt der Sprachphilosoph Ludwig Wittgenstein mit Wirklichkeit das, was da ist, bleibt für den Biophysiker Heinz von Förster „Wahrheit" die Erfindung eines Lügners. Der Nobelpreisträger und Quantenphysiker Werner Heisenberg hält die Wirklichkeit, von der wir sprechen können, nicht für die Wirklichkeit an sich, sondern nur für eine von uns gestaltete Wirklichkeit. Wer hat nun recht?
Der Komiker Heinz Erhardt – bekannt für seinen Wortwitz – soll dafür einmal eine recht einfache Lösung gefunden haben: „Was weiß duden(n)".

Wirklichkeit erster und zweiter Ordnung

Im Alltagsverständnis ist Wirklichkeit das, was tatsächlich existiert, also gleichbedeutend mit Realität. Der

Kommunikationswissenschaftler Paul Watzlawick nennt dies auch die Wirklichkeit erster Ordnung. Der Philosoph und Managementberater Rupert Lay spricht hier von begründeten oder wahren Aussagen. Diese sind immer dann gegeben, wenn eine beliebige Zahl von Menschen, die im selben Kontext oder derselben Theorie handeln, wiederholt zum gleichen Ergebnis kommen und der Inhalt der Theorie bisher durch experimentelle Überprüfung nicht widerlegt wurde.

Daneben steht die Wirklichkeit zweiter Ordnung, die dem Ganzen eine subjektive oder emotionale Prägung gibt, also gleichbedeutend mit Meinung ist. Watzlawick nennt als Beispiel das Gold. Dies beschreibt in der Wirklichkeit erster Ordnung ein chemisches Element (mit dem Symbol „Au“, vom lateinischen „Aurum“ = „Gold“, und der chemischen Ordnungszahl 79). Die Wirklichkeit zweiter Ordnung und damit seine Bedeutung erhält Gold, wenn zweimal täglich in London jemand meint, für Gold einen Wert bestimmen zu müssen, oder wenn Gold als Geschenk zum Umwerben einer geliebten Person genutzt wird (vgl. Watzlawick, S. 143).

Wozu all dies? Sokrates soll einmal gesagt haben, dass wahrscheinlich aller Wahn auf dieser Welt in der Verwechslung von Realität und Meinung, von Fakt und Deutung läge. Auch Streit entzündet sich meist nicht an Fakten, sondern an unterschiedlichen Deutungen ebendieser Fakten. Diesen Gefahren soll dieser *Sprach-Führer zum Erfolg* entgegenwirken.

Wirklichkeit 1. Ordnung	 2. Ordnung
nennen wir im Buch fortan gleichbedeutend	
Dasein Realität Wahrheit semantische Bedeutung **Fakt**	Sosein Wirklichkeit Meinung emotionale Besetzung **Deutung**

Abb. 2: Wirklichkeit erster und zweiter Ordnung

30 *Fakt nennen wir, was eine beliebige Zahl von Menschen, die in demselben Kontext handeln, wiederholt zum gleichen Ergebnis kommen lässt und dessen experimentell überprüfbarer Inhalt bisher nicht widerlegt wurde. Deutung nennen wir die emotionale Besetzung, die ein Wort mit persönlichen und situativen Inhalten belegt.*

1.2 Die Redlichkeit im Sprechen

Der griechische Philosoph Aristoteles (um 350 v. Chr.) soll der Meinung gewesen sein, dass der redliche oder aufrechte Mensch sich vom unredlichen Menschen dadurch unterscheide, dass der Redliche sagen könne, worüber er rede. Eine Forderung, die bis in die Neuzeit kaum an Bedeutung verloren hat. Zum redlichen Umgang mit der Sprache gehöre auch die Unterscheidung von dem Stoff oder der Materie einer Sache (Dasein) einerseits und dem Wesen einer Sache (Sosein) andererseits. Dabei ging Aristoteles davon aus, dass wir

Menschen mit unserem Denken und Sprechen in das Wesen der Dinge eindringen und so alle Menschen dieses Wesen des beschriebenen Sachverhaltes erkennen und benennen können. Eine Sichtweise, die heute empirisch als nicht mehr haltbar erscheint.
Aristoteles lebte in einer kleinen, elitären Welt mit ähnlicher Sozialisation, ähnlichen Formen des Spracherwerbs, mit vergleichbarer psychischer Entwicklung in Bezug auf Werte, Erwartungen, Interessen und Bedürfnissen (wir nutzen für die vier Begriffe im Folgenden meist nur einen Begriff und/oder das Akronym „WEIB“). In dieser kleinen konkreten Welt konnte er annehmen, dass, wenn man über etwas sprach, alle auch dasselbe verstanden. Dies gilt aber nur für diese kleine Welt aufgrund ihrer einheitlichen Sozialisation. Hätte die griechische Bildungselite ihre Umgebung verlassen und auf die Worte der Barbaren (eine Bezeichnung für die, die kein Griechisch sprachen) gehört, hätten sie merken können, dass jene unter dem mit Worten Benannten im Wesen etwas ganz anderes verstanden als das, was sie selbst damit ausdrücken wollten. Möglicherweise hätten sie schon damals ausmachen können, dass die Schwierigkeit zwischen Menschen darin besteht, herauszufinden, was ein Wort semantisch benennt oder bedeutet und wie dieses emotional besetzt ist.

Die semantische Bedeutung

Die Semantik beschreibt die Beziehung zwischen sprachlichen Zeichen, z. B. in Form eines Wortes, und deren Bedeutung. Diese Zeichen sind Ergebnisse von Konventionen und können in unterschiedlichen Kontexten durchaus unterschiedlich besetzt sein. Nicht jeder Bankraub ist die Mitnahme einer Sitzgelegenheit aus einem öffentlichen Park.

Offensichtlich lässt sich mit Sprache hervorragend spielen. Und genau das tun wir im Alltag. Wir spielen – oft unbewusst – so lang mit Worten, bis diese für die Mitspieler bestimmte Regeln für ihre Benutzung bekommen haben. Diese Regeln werden zu Verwendungsnormen (Konventionen der Beteiligten). Sie sind allerdings nur in ebendiesem Kontext gültig. Wittgenstein spricht hier statt von einer Definition von einem „Sprachspiel", in dem ein Wort seine Bedeutung hat.

Ist dieser Zusammenhang in der eigenen Sprache schon nicht einfach, wird er in verschiedenen Sprachen umso schwieriger. Spielen wir zur Erklärung einmal mit dem Wort „Himmel": Nehmen wir das bekannte Gebet „Vater unser im Himmel". Kein Engländer käme auf die Idee, dies mit „Our father in the sky" zu übersetzen. Richtig heißt es: „Our father in heaven ..." Was zu der Frage führen könnte: Wenn *heaven* nicht gleich *sky* ist, muss dann *Himmel* unbedingt über den Wolken sein? Die weitergehende Differenzierung hätte möglicherweise manche Diskussion über kirchliche Dogmen erspart. Entstammt das Wort „Himmelfahrt" einem theologischen Sprachspiel, hat es wesensgemäß eine andere Bedeutung als bei der NASA oder dem militärischen „Himmelfahrtskommando".

Legt man für einen Begriff eine semantische Bedeutung fest, nennen wir dies „definieren".

Definitionen geben Bedeutung

Mit Definitionen nähern wir uns der semantischen Bedeutung eines Wortes an. Wortdefinitionen sind immer im Kontext des gesamten Satzes zu sehen – in der Welt, in der sie spielen. Definitionen sind also die Ergebnisse eines Sprachspiels.

Bei der Definition wird ein Oberbegriff gegen das zu Definierende abgegrenzt. So bezeichnet „Brille" eine Sehhilfe (Oberbegriff), die man auf der Nase trägt (Abgrenzung zum Mikroskop oder zur Lupe). Möchte ich die Brille nun genauer gegen einen Zwicker abgrenzen, ist die Einschränkung „auf der Nase" nicht mehr brauchbar und muss durch „und auf den Ohren" erweitert werden. Definitionen sind Konventionen.

Bei komplexeren Begriffen hat sich das Definieren durch das Erstellen kleiner Kataloge aus Bedingungen für die Verwendung des Begriffes als brauchbar erwiesen. Was muss „da sein", damit wir das Wort verwenden? Eine Beispieldefinition für das Wort „Team":

Von einem Team sprechen wir nur dann, wenn ...

- 3 bis 11 Personen zusammenkommen,
- die Sprachbeiträge meist der Problemlösung dienen,
- der Erkenntnisfortschritt Vorrang vor Hierarchie hat und Zuverlässigkeit vor Sympathie oder Antipathie rangiert,
- man es nach der Problemlösung auflöst.

Wird eine Bedingung nicht erfüllt, nennen wir dasselbe Konstrukt „Gruppe“. Allein diese kurze Unterscheidung wäre für viele Workshops von Nutzen, damit statt gruppendynamischer Beziehungsklärung Problemlösungen auf der Tagesordnung ständen.
Auch wenn wir nie alle Bedingungen erfassen können und die Begriffe der Definition nicht weiter definieren, nähern wir uns so dennoch begründbaren Aussagen an. So entsteht ein Dasein oder eine Wirklichkeit I.
Die Brauchbarkeit einer Definition wird erhöht, wenn man die folgenden Regeln beachtet: Definitionen sollten:

- das zu Beschreibende positiv beschreiben, statt zu sagen, was etwas *nicht* ist (nicht: Team ist dann nicht gegeben, wenn ...),
- keine Beispiele enthalten, da diese meist nicht universell gültig sind.

Allzu häufig erleben wir, um beim Begriff des Teams zu bleiben, dass Vorgesetzte die Teamfähigkeit von Mitarbeitern und Mitarbeiterinnen beurteilen, Trainer und Berater Lösungen dazu anbieten, ohne dem Wort „Team“ auch nur annähernd eine semantische Bedeutung gegeben zu haben, geschweige denn sich über die Unterscheidung von Gruppe und Team im Klaren zu sein.
Semantikfreies Geschwätz finden wir auch in Unternehmensleitbildern, die bedeutungsfrei teamorientierte, motivierende, kooperative, empathische, loyale und nachhaltige Führungskräfte mit Widerstandskraft ein-

fordern und dabei nicht einmal die Bedeutung von Führung und Management auseinanderhalten können. Die semantische Bedeutungslosigkeit in politischen Reden, die Freiheit, Solidarität, Demokratie oder Gerechtigkeit fordern, steht dem in nichts nach. Da man mit solchen Begriffen ohne geklärte inhaltliche Bedeutung Menschen erwiesenermaßen begeistern kann, muss in den Worten noch etwas anderes liegen, was sich nicht allein durch Semantik oder Bedeutung greifen lässt.

Die emotionale Besetzung der Worte

Der schon erwähnte Erkenntnisforscher Heinz von Förster unterscheidet hier triviale von nicht beweisbaren Aussagen. Trivial sind für ihn all jene Aussagen, deren Bedeutung sich auch nachweisen lässt. Fragen Sie jemanden, ob die Zahl 397.256.466 durch 2 teilbar ist, können die meisten sofort eine Antwort geben, deren Richtigkeit sich feststellen lässt. Die Teilbarkeit durch 3 bedarf etwas länger. Dennoch sind solche Fragen entscheidbar oder „trivial".

Fragen Sie Menschen hingegen, stellt Förster weiterhin fest, wie das Universum entstanden ist, werden die einen von einem Urknall vor mehr als zehn Millionen Jahren, die anderen von einem Sieben-Tage-Werk sprechen oder was es sonst noch an Theorien gibt.

Die Antwort der Gefragten sagt etwas über deren Vorstellung von der Weltentstehung aus, nicht aber über das Entstehen der Erde. Sie werden folglich auf diese Weise Informationen über den Antwortenden bekom-

men, aber nie darüber, wie das Universum entstanden ist. Die Richtigkeit einer Antwort auf solche nicht trivialen Sachverhalte ist prinzipiell nicht entscheidbar.
Jeder Mensch verkündet mit dem Gebrauch seiner Worte auch seine persönlichen Lebenserfahrungen, seine Werte, Erwartungen, Interessen und Bedürfnisse (kurz: WEIB). Prägend ist: Wann habe ich das Wort zum ersten Mal gehört? Wie war es damals emotional besetzt? Welche sozialen Erfolge konnte ich bisher damit erzielen?
Aber ebendiese emotionale Dimension der Worte führt in die zuvor beschriebene Wirklichkeit zweiter Ordnung. „Die Vorstellung, die eigene Wirklichkeit bilde die Realität ab, ist das Fundament jeder Lüge und jeder Unredlichkeit“, sagte uns Rupert Lay in einem Interview zu diesem Kapitel.

Fakten von Deutungen trennen

Die Unterscheidung der emotionalen Besetzung eines Wortes oder einer Aussage von der semantischen Bedeutung ist ein erstes Ziel dieses Sprach-Führers. Bewusst Fakten von Deutungen trennen zu können, werden wir in den folgenden Kapiteln immer wieder als die notwendige Voraussetzung für eine gelingende Kommunikation kennenlernen.
Die Aussage: „Da geht jemand einkaufen“ beinhaltet zwei Teile. Zum einen: „Jemand geht.“ Dieser Sachverhalt ist wahrscheinlich von jedem Beliebigen zu erkennen und der Wahrheit I, d. h. den Fakten, zuzuordnen.

Das Urteil „Einkaufen" entspräche hingegen schon Wirklichkeit II. Aus der persönlichen Erfahrung, der eigenen Sozialisation (WEIB), geht ein Mensch, der eine Tasche dabeihat und in der Innenstadt herumläuft, einkaufen. Was aber, wenn die Person nur spazieren geht, sie besonders langsam geht, damit sie nicht für den Bankräuber gehalten wird, den die Polizei aktuell sucht ...?
Sobald wir einem beschreibbaren Fakt eine Absicht hinzufügen, wird daraus eine Deutung. Manche nennen diese Deutung deshalb „post-faktisch". Mit Worten werden so nur emotionale Besetzungen transportiert. Diese werden auch dann nicht Fakt, wenn andere die Ansicht mit uns teilen. Allerdings belasten uns Fehldeutungen nur selten, wenn wir unseren Irrtum mit anderen teilen. Im Gegenteil, wir halten Menschen sogar für besonders sympathisch, solange sie die gleichen Worte verwenden wie wir und auch nicht wissen, worüber sie reden.
Das Beispiel: In der Zeitung stand (oder der Schulrektor sagte), dieser Schultyp sei besser als andere Schulen, beschreibt nicht automatisch die Realität.
Fakt ist: In der Zeitung stand ..., das wird jeder Beliebige lesen können. Damit anzunehmen, dass auch der Inhalt der Aussage Fakt sei, ist ein allzu häufiger Irrtum, selbst wenn die Aussage von sogenannten „Autoritäten" kommt. Wahrscheinlich sind hoch gegriffen maximal zehn Prozent unseres Wissens Erfahrungswissen. Mehr als 90 Prozent unseres Wissens halten wir nur aufgrund einer fremden Autorität für wahr.

Umso mehr sollten wir redlich damit umgehen.
Redlich im Sinne unseres Sprachspiels handelt jemand nur dann, wenn er sich aufrichtig bemüht ...

- die eigene Wirklichkeit nicht mit der Realität zu verwechseln,
- Fakten von Deutungen zu trennen,
- Worten eine semantische Bedeutung zu geben,
- beim Hören emotionale Besetzungen (WEIB) der anderen zu beachten,
- zu hinterfragen, was Erfahrungswissen und was Wissen aus einer fremden (autoritären) Quelle ist,
- bei interessierten Quellen immer auch Deutungen einer anders interessierten Quelle einzuholen.

Umgang mit nicht entscheidbaren Aussagen

Die Frage: „Was weiß ich über mich und was weiß der andere über mich?“ ist ein prinzipiell unentscheidbarer Umstand. Und obwohl wir genau wissen, dass etwas prinzipiell nicht entscheidbar ist, tun wir täglich so, als wüssten wir genau, wie das funktioniert.
Bleiben wir zur Erklärung noch einmal beim schon genutzten Schulbeispiel: Natürlich wollen Eltern für ihre Kinder die beste Schulausbildung. Aber was ist die beste Schulform für mein Kind? Keine Ahnung, und doch diskutiert man in vielen Städten seit Langem darüber. Jede politische Partei meint die Antwort zu kennen. Bei genauer Betrachtung werden Sie feststellen, dass diese Antworten auf die nicht entscheidbare Frage viel über die Vorstellung der Partei, aber nichts über das beste

Schulsystem aussagen. Bei allen prinzipiell nicht entscheidbaren Fragen haben wir die Freiheit, selbst entscheiden zu können. Nur wir können hier entscheiden, und zwar so, wie wir wollen, solange wir bereit sind, dafür die Verantwortung zu übernehmen. Verantwortung heißt: Ich kann begründen, was ich tue, und bin bereit, für die Konsequenzen einzustehen. Wir nennen dies auch Gewissensentscheidungen.

Da wir nun bei diesen Entscheidungen prinzipiell nicht wissen, was richtig ist, haben diese den Charme, dass garantiert bald jemand auftaucht, der uns mit der Gewissheit seines Unwissens klarmacht: „Siehst du, hättest du doch mal auf mich gehört.“ Diesem Unwissen können wir meist nicht einmal widersprechen.

Die semantische Bedeutung und die emotionale Besetzung von Begriffen sind nach Sokrates die 30
Hauptgründe für Missverständnisse. Machen Sie deshalb von folgenden Werkzeugen Gebrauch:

- ***Unterscheiden Sie Fakten von Deutungen.***
- ***Definieren Sie die semantische Bedeutung der zentralen Begriffe einer Aussage in Ihrem Kontext oder Sprachspiel.***
- ***Beachten Sie die aktuelle emotionale Besetzung von Begriffen bei Ihnen und Ihren Gesprächspartnern.***
- ***Seien Sie redlich und vermeiden Sie bedeutungsfreie Begriffe in Leitbildern, Ansprachen, Besprechungen.***

30 MINUTEN

Was sagen Sie im Feedback über sich selbst?

Seite 26

Wie können Sie konstruktiv Anerkennung und Kritik äußern?

Seite 32

Wie meistern Sie Auseinandersetzungen und Konfrontationen?

Seite 35

2. Feedback und andere schwierige Gespräche

Feedback ist das Frühstück – aber auch Mittagessen, Vesper und Abendessen – der Gewinner.

Ken Blanchard

In diesem Kapitel zeigen wir Ihnen, wie Sie persönlich durch die bewusste Trennung von Fakt und Deutung Ihnen schwierig erscheinende Gesprächssituationen oft mit wenig Aufwand meistern können. Zu solchen Situationen gehören Feedback, Kritik, Anerkennung und Konfrontationen.

2.1 Feedback – der Schlüssel zu mir

Feedback ist jede Art von Rückmeldung zwischen mindestens zwei Beteiligten. Eine Situation, bei der der Feedbackgeber mitteilt, wie er Verhalten oder Merkmale des Feedbacknehmers gedeutet hat, definieren wir als „persönliches Feedback". „Systemisches Feedback" umschreibt darüber hinaus den zirkulären Prozess zwischen zwei oder mehreren Personen, bei dem Feedbackgeber und -nehmer ihre Wirklichkeit im Wechselspiel reflektieren.

Dass ein Feedbackgeber das Feedback so und nicht anders ausspricht, macht das Feedback an sich zum Fakt (*Herr/Frau X hat gesagt* ... und das konnte jeder Beliebige hören), nicht aber seinen Inhalt. Dieser bleibt immer eine Deutung. Erst wenn wir dies erkennen und Feedback nicht für eine allgemeingültige Wahrheit halten, sondern nur für das momentane Gefühl oder die Werthaltung des anderen, kann Feedback seine Kraft entfalten.

Dem Leser sei zugestanden, dass dies beim persönlichen Feedback eines Vorgesetzten im Rahmen eines Mitarbeitergespräches eine große Herausforderung darstellt. Denn auch hier kann niemand die Deutung des Vorgesetzten widerlegen. Diesem sollte allerdings auch bewusst sein, dass er über sich und nicht über den Mitarbeiter spricht. Wenn Sie als Mitarbeiter die Rückmeldung nicht im Raum stehen lassen wollen, nehmen

Sie diese als Einladung in einen zirkulären Prozess, um mit systemischem Feedback Ihre Wirklichkeiten kennenzulernen und abzugleichen. (Nebenwirkung: Wird dieser Prozess mit einer an eine Normalverteilung gekoppelten Gehaltsfindung verbunden, scheint uns dieses Verfahren als nicht realisierbar.)

Nähern wir uns der Gesprächssituation Feedback an, indem wir uns des Bildes vom Eisberg bedienen. Bei einem Eisberg ist nur ein kleiner Teil des Berges sichtbar, also für uns erkennbar. Der größere Teil ist unserem direkten Blick verborgen, wir können nur deuten, was sich dort alles abspielt. Das, was wir erkennen können, nennen wir Fakt, sofern wir es mit trivialen Mitteln erfassen können. Was wir im nicht beobachtbaren Teil vermuten oder deuten, sagt automatisch etwas über unsere Erwartungen (WEIB) aus. Spätestens jetzt wäre es gut, zu bemerken, dass wir nun über uns und nicht mehr über den Berg sprechen.

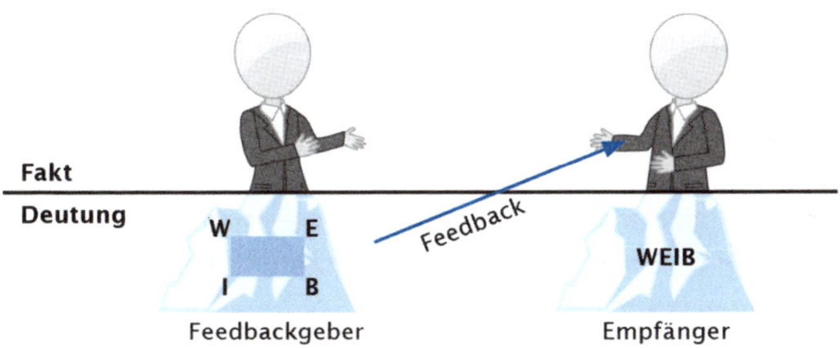

Abb. 3: Feedback ist die Darstellung der Deutung des Senders und offenbart dessen Interessen und Erwartungen

Regeln gekonnten Feedbacks

Nehmen wir folgende Situation an: Ein Feedbackgeber sagt Ihnen: *„Sie tragen ein schickes blaues Oberteil."* Dann sagt er nichts über das Kleidungsstück, Ihren Geschmack oder denjenigen aus, der Ihnen das Kleidungsstück geschenkt hat. Er spricht nur über sich selbst. Dies ist den Gesprächspartnern meist nicht bewusst. Für bewusstes Feedback hätte der Sprach-Führer deshalb an dieser Stelle eine andere Formulierung im Angebot: *„Gestern Abend haben Sie das blaue Oberteil zu der dunklen Hose getragen. Ich fand, das war eine tolle Kombination. Könnten Sie öfter tragen. Ich selbst habe immer Schwierigkeiten bei der Kleiderauswahl."*

Diese Form des Feedbacks folgt dem Dreischritt menschlicher Wahrnehmung: Fakt – Deutung – Handlung.

Nehmen wir zur Verdeutlichung dieses Dreischritts an: Es kommt ein Auto auf Sie zugerollt (Fakt). Sie deuten dies als Gefahr, was wir an der Handlung erkennen können, dass Sie zur Seite springen. Worin sich Fakten und Deutungen unterscheiden, haben wir bereits beschrieben. Was läge näher, als diese uns natürliche Denkstruktur als Basis für Feedback zu nutzen:

Dreischritt geeigneten Feedbacks		
Situation benennen, beobachtbare Fakten aufzählen	Persönliche Wahrnehmung in Ich-Form schildern	Zur Handlung auffordern oder reflektieren

Abb. 4: Den Dreischritt der Wahrnehmung für Feedback nutzen

Für die Feedbackschritte bedeutet dies im Einzelnen:

1. Konkrete Situation benennen, Fakten beschreiben:
„Gestern Abend (Situation) *haben Sie das blaue Oberteil zu der dunklen Hose getragen* (erkennbarer Fakt) ...“
Die Situation hilft dem Feedbacknehmer, nachzuvollziehen, wo der andere gedanklich gerade ist. Aus vielen Feedbackübungen wissen wir, dass oft Fakten (*blaues Oberteil*) und Deutungen (*„schickes blaues Oberteil“*) vermischt werden. Mit dem Wörtchen *schick* hat sich unbemerkt eine Deutung eingeschlichen. Der Einstieg ins Feedback verlangt Konzentration und sprachliche Genauigkeit.

2. Eigene Sichtweise in Form einer Ich-Aussage darstellen:
„Ich fand, das war eine tolle Kombination.“
Hier liegt unsere Konzentration auf der Vermeidung von Aussagen wie *„Du bist ...“* oder *„Sie sind ...“*. Da es sich nur um meine Sicht der Dinge handelt, sind Ich-Aussagen angebracht wie *„Ich finde ...“*, *„Das klingt für mich ...“*, *„Ich fühle mich dabei ...“*. In dieser Ich-Form können Sie sich „austoben“ und Ihrer Rationalität (*„Das erscheint mir logisch“*, *„Das halte ich für empirisch falsch“*) ebenso freien Raum lassen wie Ihrer Emotionalität (*„Das fand ich super!“* Oder: *„Ich habe mich total geärgert.“*). Auch Ihre Sozialität können Sie einbringen (*„Ich fühlte mich angenommen“*, *„Ich fühlte mich gemobbt“*).
Antworten wie *„Keiner hat dich gemobbt“* sind dabei unzulässig, denn wer will dem anderen hier sein Gefühl bzw. seine Deutung absprechen, gemobbt worden zu sein?

3. Handlung als Aufforderung und Reflexion:
„Könnten Sie öfter tragen. (Aufforderung) *Ich selbst habe immer Schwierigkeiten bei der Kleiderauswahl* (Reflexion).*"*
Hier ergeben sich zwei Optionen: Die Handlungsaufforderung ist meist die Bitte, etwas zu wiederholen oder zu lassen. Was die Aufforderung nie sein sollte, ist ein „gut gemeinter Ratschlag", denn darin ist das Wort *Schlag* enthalten. Feedback ist nur eine Aussage über mich und kein Freibrief, anderen etwas „um die Ohren zu hauen". Nicht jeder möchte von Ihnen (verbal) verprügelt werden.
Da Feedback aber etwas über mein Selbst aussagt, ist es spannend, einmal zu reflektieren, welche Bedürfnisse (WEIB) mich zu dieser Aussage veranlasst haben: *„Ich selbst habe immer Schwierigkeiten bei der Kleiderauswahl."* „Selbst" bezeichnet dabei eine weitgehend konstante Anzahl von Bildern, die ein Mensch sich über sich selbst macht. Dieses Konstrukt nennen wir Selbstbild. Es sagt nur, welches Bild von uns wir uns einbilden. Wer wir sind, wissen wir wohl nie so genau.

Lob – eine angenehme Form der Gewalt

Positives Feedback nennen wir Lob, negatives Tadel. Beides ist eine subjektive Rückmeldung des Feedbackgebers und sagt nichts über den Gelobten oder Getadelten selbst aus. Dennoch kann z. B. Lob ein wichtiger Bestandteil im menschlichen Miteinander sein.
Ist der Gelobte als Feedbacknehmer dazu bereit, den Lobenden (bewusst oder unbewusst) in dieser Rolle zu

akzeptieren, kann es zu einem gelungenen Austausch kommen. Eltern erhalten dieses Recht als primäre Bezugspersonen. Sie haben sogar die Verpflichtung, schon im frühkindlichen Stadium zu loben. Lob hat hier im Wesentlichen den Charakter von Zuneigung oder Empathie. Nur so kann sich eine gesunde Form des Miteinanders entwickeln. Misslingt die frühe Zuneigung, kann es sein, dass sich ein Kind nicht so gewürdigt fühlt wie andere. Dies ist oft ein Nährboden für Neid.
Allein das Bestehen eines Subordinationsverhältnisses (z. B. Hierarchie) rechtfertigt noch kein Lob. Es macht schon einen Unterschied, ob Kindern ihren Eltern oder Lehrern das Recht zum Loben zugestehen oder ob sich Kollegen und Vorgesetzte aufgrund der Hierarchie oder maßloser Selbstüberschätzung dieses anmaßen. Dennoch wird dies immer öfter in Führungsseminaren eingefordert: „Erhöhen Sie die Anzahl Ihrer Selbstdarstellung in Form von Lob, und Ihre Mitarbeiter bringen Sie schneller ans Ziel." Eine solche Form der Taktung kannten wir bisher nur von Galeeren. Bleibt der Trost, dass angemaßtes Lob zumindest eine eher angenehme Form der Gewalt und Ausübung von Herrschaft ist.

Mit dem Feedback transportiert der Feedbackgeber im Wesentlichen sein Bild und seine Wahrnehmung von der Situation und dem Verhalten des Gegenübers. Wenn wir also Feedback geben, sollten wir uns immer fragen, was sagt die Rückmeldung über mich und meine Persönlichkeit aus. 30

2.2 Keine Angst vor Kritik

Unser Sprach-Führer bietet eine Alternative an: Anerkennung und Kritik. Was ist der wesentliche Unterschied zum Feedback? Ein Kritikgespräch setzt eine Trivialisierung des Sachverhaltes voraus. Nicht mehr Sosein, sondern Dasein steht im Fokus. Ob etwas da ist oder nicht, kann als Fakt bestimmt werden. Dies reduziert die Rückmeldung auf die Handlung und zwingt uns, jedwede Bewertung des Menschen außen vor zu lassen. Es geht um die aus der Vereinbarung heraus begründete Bewertung einer Handlung.
Deshalb ist Kritik oder Anerkennung nur dann möglich, wenn

- ein vereinbarter und von den Gesprächspartnern akzeptierter Maßstab existiert,
- eine Abweichung vom Maßstab vorliegt,
- die Abweichung von den beiden Gesprächspartnern nachvollzogen werden kann.

Ist allein eine dieser notwendigen Bedingungen nicht erfüllt, ist Kritik nicht möglich; es kann allenfalls Feedback angebracht sein.
Im Sinne unseres Sprach-Führers verwenden wir das Wort Kritik bei der negativen Abweichung vom Maßstab, Anerkennung bei der positiven Abweichung. Alles, was wir im Folgenden für das Kritikgespräch anführen, gilt auch für Anerkennung.

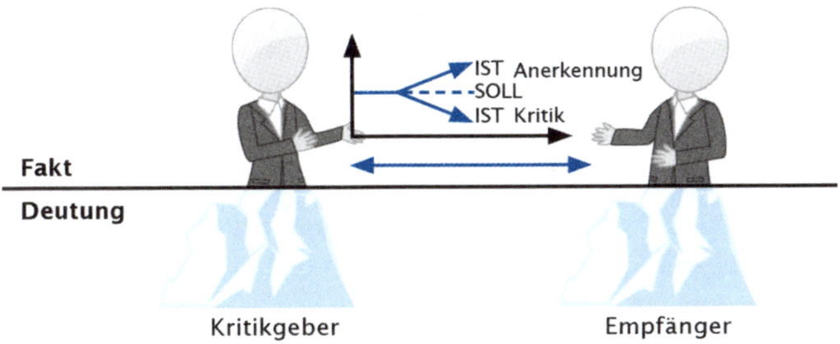

Abb. 5: Kritikgespräche setzen einen gemeinsamen Maßstab voraus

Kritikgespräche zu führen heißt also, entlang von vereinbarten Maßstäben und bekannten Zielen die beobachtbare Abweichung anzusprechen. Nehmen wir als Beispiel ein Unternehmen, dessen Arbeitszeitordnung (Maßstab) den Beginn der Arbeitszeit durch „Zeiterfassung bis 8:30 Uhr“ festlegt. Ein Mitarbeiter im Kundendienst stempelt am Montag laut Zeiterfassung um 9:15 Uhr, am Dienstag um 9:50 Uhr. Liegt eine nachvollziehbare Abweichung vor? Da er schon um 7:00 Uhr beim Kunden war, hat er die Arbeitszeit früher begonnen (was positiv anerkannt werden könnte), gegen die Regel des Stempelns hat er aber verstoßen, das könnte man kritisieren. Aus dem Stempeln zu schließen, er wäre zu spät zur Arbeit gekommen, kann eine Deutung mit fatalen Folgen werden. Klären Sie zunächst die Voraussetzungen. Das führt sonst besonders bei Kritik, seltener bei ungerechtfertigter Anerkennung, zu Konfrontationen.

Wenn so die Voraussetzungen für Kritik geklärt sind, bieten wir folgende Struktur für das Gespräch an:

Einstieg: Es scheint sinnvoll, Kritikgespräche zeitnah, aber nicht überstürzt zu führen. Beim Einstieg empfiehlt es sich, ohne Small Talk und Ironie zu sprechen. Die Aussage: *„Herr X, ich habe Sie letzte Woche beim Orgelkonzert gesehen, ich wusste gar nicht, dass Sie sich so für Musik interessieren, aber wo wir gerade bei Pfeifen sind, Ihr Verhalten …“*, führt nicht zu einer Atmosphäre, bei der sich beide Gesprächspartner auf der oberen Ebene des Eisbergs bewegen, sondern endet schnell in der Konfrontation.

Fakt beschreiben: Entscheidend ist beim Kritikgespräch, dass der Kritikgeber nach dem Einstieg den Tatbestand entlang der Fakten beschreibt und noch einmal den vereinbarten Maßstab als Grundlage der Kritik benennt. Wichtig ist aber auch: An dieser Stelle sind ähnlich wie beim Feedback keine Deutungen zulässig.

Mitarbeiter anhören: Bevor Sie die Situation beurteilen, ist es redlich, den Mitarbeiter anzuhören. Fragen Sie wenn möglich eine anders interessierte Quelle. Die meisten Kritikgespräche eskalieren, wenn dieser Schritt übersprungen wird und man zu schnell bei der Bewertung ist. Meist haben Mitarbeiter aus ihrer Situation oder ihren WEIB heraus sinnvolle und auch nachvollziehbare Gründe, nur der Vereinbarung entspricht es halt nicht. Und nur diese Gründe können Gegenstand des nächsten Schrittes sein. Hören Sie deshalb zu.

Bewertung und Zielvereinbarung: Nachdem der Mitarbeiter seine Sichtweise genannt hat, können Sie gemeinsam eine Bewertung der Situation vornehmen. Als

Lösung sind die Bedingungen, die dazu geführt haben, zu ändern oder geänderte Ziele zu vereinbaren.
Wertschätzung: Kritik, die stimmt, schmerzt meist. Die immer noch verbreitete Meinung, Kritikgespräche deshalb zunächst positiv beginnen zu müssen, stellen wir infrage. Unser Angebot ist die Zuversicht oder Wertschätzung am Ende, etwa: *„Sie/Wir bekommen das hin."* Der Gesprächspartner sollte die Situation „artgerecht" verlassen, und dazu gehört bei Menschen nicht das Kriechen.
Hier noch einige Gedanken zur Vereinbarung von Zielen: Eltern zum Kind: *„Und wie vereinbart, bist du um 20 Uhr zu Hause, ist das klar?"* Das Ziel ist klar, aber ist es auch akzeptiert? Wird die Notwendigkeit nicht eingesehen oder akzeptiert, ist dies oft der Einstieg in spätere Auseinandersetzungen oder die Basis für Lügen. All dies schafft Distanz, aber kein Vertrauen.

Um in einer Gesprächssituation Kritik äußern zu können, muss zwischen den Beteiligten ein Sprachspiel existieren, bei dem ein Maßstab festgelegt wurde. Dieser kann dann als Fakt Basis für Kritik und Anerkennung sein. 30

2.3 Konfrontationen tolerieren

Bleiben wir bei dem Beispiel des Kindes, das um 20 Uhr zu Hause sein soll. Offensichtlich haben hier Eltern und Kind unterschiedliche Interessen und Erwartungen

(WEIB), die beide als Standpunkt vertreten. Wir nennen das Konfrontation oder „Sozial-Konflikt“.

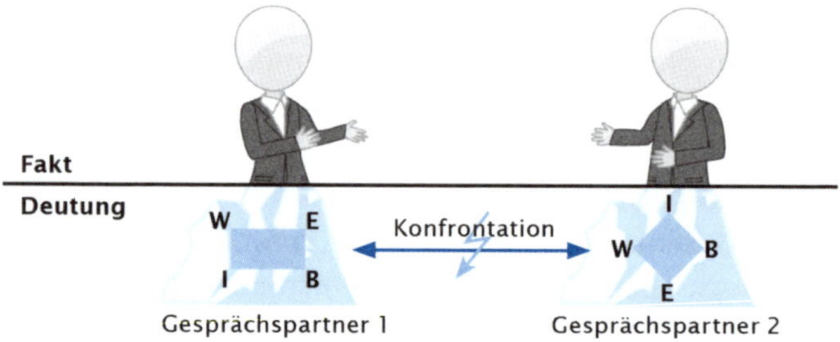

Abb. 6: Konfrontation im unteren Teil des Eisberges

Um eine solche Auseinandersetzung zu vermeiden, ist als erster Schritt Toleranz vonnöten. Toleranz beschreibt, ähnlich wie Akzeptanz, zunächst das Dasein von etwas, was ich anders empfinde als mein Gegenüber, was mich irgendwie stört. Weil es schlichtweg da ist, bedarf es keiner Bewertung.

Für den Umgang mit Konfrontationen helfen Toleranz, Akzeptanz und Diskurs. Toleranz definieren wir als die Fähigkeit, den anderen in seiner Person und seiner Andersartigkeit als uns gleich*berechtigt* anzuerkennen, was in der Sache nicht unbedingt gleich*wertig* bedeutet. Die Tugend der Toleranz gegenüber einem anderen Menschen ist nicht automatisch die Akzeptanz im Sinne einer inhaltlichen Einwilligung in seine Interessen oder Werte (WEIB). Ethisch endet Akzeptanz spätestens dort, wo sie Toleranz gefährdet.

Akzeptanz findet Gründe, weshalb man etwas, das einen inhaltlich stört, dennoch mitträgt. Dabei verschwindet die Ablehnung nicht, sonst müsste ich ja nicht mehr akzeptieren. Ist dies nicht bewusst, enden Gespräche möglicherweise in scheinbaren Nettigkeiten statt in für beide tragbaren Ergebnissen. Der Versuch beider Parteien, so lang eigene Interessen aufzugeben, bis man sich in der Mitte trifft, ist der sichere Weg in die Mittelmäßigkeit – auch Kompromiss genannt.
Ziel muss es sein, die beiden berechtigten Wirklichkeiten anhand sachbezogener Fakten miteinander abzugleichen und um Realität zu ringen. Hier hilft der Diskurs. Von einem gelungenen Diskurs sprechen wir, wenn etwas Neues entsteht, mit dem alle Beteiligten sich als Gewinner fühlen (Konsens). Für einen solchen Abgleich erscheint es (wie schon bei Kritik und Feedback) zunächst notwendig, Mensch und Handlung voneinander zu trennen. Zum anderen ist es nützlich, zu beachten, dass menschliche Beweggründe (Motivation) immer eine Antwort auf notwendig erscheinende Bedingungen sind.
Hieraus ergeben sich folgende Schritte im Diskurs:

1. Sammeln Sie notwendige Bedingungen und stellen Sie Konsens bzw. Dissens fest (genannt: Technik der Fahnenbildung). Bleibt wesentlicher Dissens, ist der nächste Schritt hilfreich (mehr in: Lorenz/Höcker).
2. Entwickeln Sie durch Erkenntnisfortschritt andere Handlungsalternativen, die demselben Zweck dienen und berechtigte Interessen nicht verletzen –

sonst wäre es wieder nur ein Kompromiss (Technik des Arborisierens oder zum Teil der Mediation).

3. Ergibt sich kein Erkenntnisfortschritt, entscheidet in Hierarchien meist der Höherstehende. Sonst einigen Sie sich einfach darauf, dass Sie sich in diesem Punkt nicht einigen – auch das gehört zum Leben („Let's agree to differ"). Dieses Nicht-Einigen bezieht sich immer nur auf die Sache oder die Handlung, niemals auf den Menschen, das wäre wieder intolerant.

Einen ähnlichen Ansatz finden Sie auch beim Harvard-Verhandlungskonzept (vgl. Fischer, Roger u. a.).
Wird die Konfrontation nicht rechtzeitig behoben, kann sie bis zu einem Punkt eskalieren, an dem sie ohne fremde Hilfe (Moderation, Mediation) nicht mehr lösbar ist (vgl. Glasl, 2013). Seismografen für den drohenden Absturz sind zunächst zunehmende Polemik und Gewissheit. Die Streitenden versuchen ihre persönliche Meinung (Wirklichkeit II) selbst gegen jede Art von Dasein (Wirklichkeit I) aufrechtzuerhalten. Realitätsferne Worte oder andere Formen von Allaussagen (*immer, dauernd, ewig, nie*) beherrschen die Gespräche, bei denen gegen die Ansichten des anderen angesprochen wird, ohne ernsthaft nach einer Lösung zu suchen. Die Sprache gegenüber dem anderen wird zunehmend abfällig und ist durch Dominanzsignale gekennzeichnet.
Mit fortschreitender Eskalation kommt es zur Bildung von Koalitionen mit Gleichgesinnten. Die Streitenden suchen sich „Verbündete", das Gegenüber wird zum

Gegner, Gerüchte werden gestreut. So entstehen kollektive Vorurteile, bei denen ein gemeinsames (negatives) Phantombild vom anderen gezeichnet wird, ohne dass sich dieser dazu äußern kann.
Mit jedem Schritt verlagert sich die Auseinandersetzung von der inhaltlichen Ebene zu einer Missachtung der Person. Hilfreicher scheint hier möglicherweise sogar, in der Sache einmal laut und engagiert zu streiten, als mit leisen Tönen den Menschen zu verletzen.

Gesprächssituationen lassen sich über das Eisbergmodell leicht in die Bereiche Fakt und Deutung unterteilen. Je nach Situation sind dann folgende Werkzeuge wichtig: 30

- ***Beim Feedback offenbart der Sender sein Bild vom Empfänger; er sollte seine Deutung daher auch in Form einer Ich-Aussage formulieren („Ich erlebe Sie" statt „Sie sind").***
- ***Bei Kritik haben beide Gesprächspartner auf der Ebene der Fakten einen akzeptierten Maßstab aufgebaut, von dem es eine Abweichung gibt, die behoben werden soll.***
- ***Bei Konfrontationen ist es besonders wichtig, Mensch und Inhalt zu trennen. Toleranz, Akzeptanz und Diskursfähigkeit sollten zu neuen Lösungen und nicht zu „faulen Kompromissen" führen.***

30 MINUTEN

3. Analyse als Performancetreiber

Lieber zweien nützen, als hundert zu gefallen.
Deutsches Sprichwort

Egal, ob morgens das Auto unerwartet nicht anspringt, die Unternehmenskennzahlen sich negativ entwickeln, ob man eine persönliche Krise durchlebt, der Vorgang ist immer derselbe. Da ist etwas aus dem Lot geraten und verlangt eine neue Ordnung. Krise – oder „Crisis" im Lateinischen – steht für eine entscheidende Wende. Die einen betrachten dazu zunächst analytisch die Vergangenheit, andere suchen visionär Lösungen in der Zukunft. Aber immer sollte eine Krise der Motor für Kreativität, Veränderung und Entwicklung sein. In Krisen suchen wir nach Neuordnung (vgl. Lorenz/Oppitz, 30 Minuten An Krisen und Konflikten wachsen).

3.1 Die Ursachenanalyse – technische Störungen beheben

Betrachten wir in diesem Kapitel ein Werkzeug einer eher analytischen oder problemorientierten Gesprächsführung. Sie fragt zunächst nach den Ursachen einer Soll-Ist-Abweichung, um danach durch die Veränderung von Bedingungen Lösungen zu schaffen.

Technische Störungen „trivialer" Maschinen

Technische Störungen zu beheben erscheint einfacher, als Krisen in komplexen Gebilden wie Menschen, Unternehmen oder Märkten zu beenden. Deshalb fangen wir mit ihnen an. Selbst bei technischen Störungen werden Fakten durch Deutungen behindert. Eine Maschine steht (Fakt), meine Erfahrung sagt mir, dass kann nur an einem liegen (Deutung). Das geht in den meisten Fällen gut, aber jeder kennt auch das Gegenteil, wenn die Lieblingsdeutung des Servicetechnikers zu Kosten, aber nicht zur Behebung des Problems führt. Diese Kosten lassen sich durch gekonnte Gespräche reduzieren: die „Ursachenanalyse".

Ein Alltagsbeispiel: Sie bügeln Hemden und Blusen. Plötzlich entdecken Sie an 3 Blusen rostfarbene Flecken. Sie „kriegen die Krise" (eine kleine, um das Bespiel einfach zu halten). Ihre Lieblingslösung: Die Wäschetrommel rostet! Stopp! Bevor Sie den technischen Service oder die Hotline rufen, schlagen Sie im Sprach-Führer unter *Fragen* nach. Dort finden Sie ein einfaches Bei-

spiel, wie Sie Hypothesen überprüfen können, bevor Sie Aktionen auslösen, die womöglich unnütz Geld kosten.
Zunächst die Hypothesenprüfung:

- Treffen Sie eine Annahme (Hypothese I): *„Es ist Rost."*
- Fragen Sie sich, wenn diese Hypothese zutrifft, was müsste dann sein bzw. was dürfte nicht sein (Hypothesen II): *„Wenn es Rost ist, dann müssten alle Teile in der Maschine solche Flecken haben."*
- Jetzt überprüfen Sie die Hypothesen II in der Praxis. Wenn die Hemden keine Flecken haben, ist Ihre Hypothese widerlegt.

Sprachlich lässt sich der Vorgang in einer einfachen Frage zusammenfassen: *„Wenn Rost in der Trommel die Ursache für die Flecken ist, weshalb sind dann nur die Blusen betroffen?"*
Um diese Frage beantworten zu können, ist es notwendig, die Situation zu beschreiben. Hierzu einige universell anwendbare, einfache Fragen, über die beispielsweise jede Hotline leicht verfügen kann.

Was ist los?	Blusen haben Flecken.
Was sind das für Flecken?	Rostfarbene Flecken.

Achtung, hier begegnet uns das Problem von Fakt und Deutung. Fakt ist, die Flecken haben eine rostähnliche Farbe. Eine Deutung wäre: Deshalb muss es Rost sein. Bei komplexeren Problemen ist diese Verwechslung häufig ein Grund für Fehldiagnosen. Fragen Sie immer wieder nach: *„Wissen Sie das genau oder vermuten Sie es nur?“* Schauen Sie nun, ob Sie eine vergleichbare Situation finden, in der die Flecken hätten auch auftreten können, aber nicht aufgetreten sind.

Was hätte diese Flecken noch haben können, hat es aber nicht?	Die mitgewaschenen Hemden und Handtücher.

Diese Abgrenzung durch Fragen hilft Ihnen später, die oben erwähnte Prüffrage zu stellen. Wenn Sie noch weiter eingrenzen wollen, finden Sie hier weitere Fragemöglichkeiten:

Wo wurde das beobachtet und wo nicht?	Auf dem Bügelbrett und nicht beim Aufhängen.
Wo am Objekt ist es aufgetreten und wo nicht?	Im Bereich der Schulter, nicht aber am Rücken.
Wann wurde es beobachtet und wann nicht?	Gestern und nie vorher.

Nun können Sie jede Ursache daraufhin überprüfen, ob es erklärbar ist, dass das Problem nur bei dem einen (Ist), nicht aber bei dem anderen (Ist nicht) auftritt. Das verringert die Anzahl der Optionen drastisch.
Ein weiteres Beispiel: *„Der Kühlschrank kühlt nicht.“* – *„Dann ist vielleicht kein Strom da.“* – *„Wie kann dann aber das Licht im Kühlschrank brennen?“* Oft geschieht die Überprüfung unbewusst. Setzen Sie diese Überprüfung als Werkzeug bewusst ein.

Für komplexere Herausforderungen haben die Amerikaner Charles Kepner und Benjamin Tregoe ein umfassendes Fragesystem erarbeitet, das wir seit Jahren erfolgreich in Schulungen einsetzen. Im Alltag reichen meist die erwähnten Analysefragen aus, um Deutungen auf ihre Tauglichkeit hin zu prüfen.

Denkbare Ursachen erkennen

Die Prüffragen zu möglichen Ursachen setzen Hypothesen voraus. Häufig reicht dazu unsere Erfahrung. Wenn nicht, unterstützen uns zwei Denk- und Sprachhilfen.

1. Inverses Brainstorming/Verschlimmerungsfragen

Diese Fragen beziehen sich darauf, wie man eine schon als schwierig wahrgenommene Situation noch weiter verschlimmern kann, um Wirkfaktoren deutlicher erkennen zu können.
Beispiel: „*Was müssten wir tun, damit wir gleichmäßig braune Flecken in den Schulterbereich bekommen (Serienfertigung)?*“ Wir müssten etwas Abfärbendes darauf- oder darunterlegen.
Der große Vorteil einer solchen verkehrten oder inversen Frage liegt darin, dass nun Ideen und nicht mehr Fehler oder Schuldige im Fokus stehen.

2. Suche nach Veränderungen

Wenn Krise eine unerwartete Unordnung bedeutet, muss vorher etwas anderes, Krisenfreies da gewesen sein. Daher bietet sich die Frage an: „*Hat sich im Umfeld*

des Problems etwas verändert und was könnte diese Veränderung bewirken?"
Beispiel: *„Gab es etwas Besonderes an diesem Bügeltag, hatte sich etwas verändert?" „Eigentlich nichts, ich hatte Platz geschaffen, die Kartons der neuen Stühle zum Container gebracht und dann gebügelt."* Aha, es gab doch eine Veränderung. Drei neue Stühle. *„Wenn die Ursache für die Flecken darin läge, dass die Blusen über den neuen Stühlen hingen, weshalb sind dann weder Hemden noch Handtücher betroffen?"* Das ergibt Sinn, wenn tatsächlich nur Blusen auf den Stühlen hingen.

30 *Krisen sind Situationen der Unordnung, in denen bisherige Wege nicht weiterführen. Allzu oft lösen dennoch herkömmliche Lieblingslösungen ebenso hektische wie erfolgsneutrale Reaktionen aus. Etwas Zeit und wenige Fragen helfen, nutzlosen Aufwand zu vermeiden.*

3.2 Die GAP-Analyse – Performance erzielen

Die GAP-Analyse beschreibt einen Prozess, mit dem Herausforderungen in Betrieben und Verwaltungen oder wirtschaftliche Krisen behoben werden können. Sie stellt inhaltlich Fragen zur Verfügung, um vom gegebenem Ist zum gewünschten Soll zu kommen. Das Unterscheidungsmerkmal ist die Fokussierung auf die

Erreichung von Zielen im gekonnten Zusammenspiel von Menschen und Rahmenbedingungen.

Performance Improvement – Personalentwicklung durch Vorgesetzte

Der Begriff Performance beschreibt im Englischen weniger das, was man tut, also die Leistung, sondern den Nutzen, das konkrete Ergebnis. Performance-Entwicklung (Improvement) umfasst alle Aktivitäten, die im Zusammenspiel das ergeben, was der Zielgruppe oder dem Kunden nutzt. Dieser Nutzen unterscheidet sich eindeutig vom Begriff der Leistung, also dem erbrachten Energieaufwand in einer Zeitperiode. Dies würde ja sonst bedeuten: Erfolg entsteht, je mehr Energie, je mehr Leistung und damit auch je mehr Lohn oder Gehalt zum Einsatz kommen. Diese Rechnung geht nicht auf. Kein Kunde bezahlt die erbrachte Leistung, meist kennt er die Leistung in der Produktion nicht einmal, wenn er den Preis verhandelt oder bezahlt.

Kunden zahlen für (vermeintlichen persönlichen) Nutzen oder WEIB. In einer marktwirtschaftlichen Ordnung nennt man Nutzen auch den Marktwert einer Sache. Jede auf einen Marktwert ausgerichtete Forderung nennen wir Geschäftsanforderung. Sie muss nicht monetär sein. Kundenzufriedenheit, geringe Fluktuation, geringer Krankenstand fallen u. a. auch darunter. Alle Merkmale sind dadurch gekennzeichnet, dass sie messbar, zumindest aber schätzbar sind. Aus ihnen leiten sich die Mitarbeiterziele ab.

Zielvereinbarung oder Mitarbeitergespräch

Die Notwendigkeit, Ziele zu vereinbaren, wurde schon im Rahmen des Kritikgesprächs offensichtlich. Nur ein vereinbarter, von allen nachvollziehbarer Maßstab ermöglicht uns, Wertungen in Bezug auf „gut oder schlecht", „erreicht oder übertroffen" vorzunehmen. Daraus ergibt sich die allgegenwärtige Forderung, Ziele ...

Z eitlich bestimmt,
I nhaltlich abgestimmt,
E indeutig messbar und
L ösbar zu formulieren.

In Mitarbeitergesprächen Ziele einzufordern ist eine Seite der Medaille. Die andere Seite zeigt sich in der Forderung nach „Lösbarkeit". Sie verweist darauf, dass auch die für das Erbringen des Ziels notwendigen Ressourcen bereitgestellt werden müssen.
Performanceorientierte Mitarbeitergespräche bedeuten: im Ergebnis fordern, bei der Umsetzung fördern.
Für die Anwendung eine kleine Checkliste, die an den englischen Begriff für Lücke – „GAP" – angelehnt wurde, die GAP-Analyse:

G eschäftsanforderungen klären,
A nalyse des Bedingungsgefüges durchführen,
P erformance (= Ergebnisse) sicherstellen.

Geschäftsanforderung klären

Stellen Sie sich einmal vor, Sie sitzen in einem Zug, der am Bahnhof steht. Auf dem Gleis direkt neben Ihrem

Fenster steht ein anderer Zug. Plötzlich fährt einer der beiden Züge an: *„Fahren wir schon, vorwärts oder rückwärts?“* Diese Frage ist nicht so schnell zu beantworten. Sie müssen erst einmal Ihren Punkt fixieren, schauen, was mit Ihrem Zug los ist, um dann im Abgleich eine Antwort zu bekommen.

So ähnlich verhält es sich mit Geschäftsanforderungen. Sie brauchen einen Ist-Punkt und einen Soll-Punkt, um herauszufinden, ob sich etwas zum Guten oder Schlechten bewegt.

Sollte das Ist vom Soll abweichen, fragen Sie sich: *„Was würde passieren, wenn ich nichts verändere?“* Die Antwort zeigt Ihnen den Wert einer Investition in Performance. Dieser Performance-Wert sollte immer höher sein als der Performance-Aufwand. Daraus ergibt sich der „Return on Invest“ (ROI). Entsteht kein Schaden, weshalb sollten Sie dann etwas verändern?

Zum Vorgehen: Beschreiben Sie den zukünftigen Zustand, die Anforderung „messbar und zeitlich bestimmt“, aber ohne Verb. *„Besuch von New York bis August.“ „Bis August fahre ich nach New York“* wäre ungeeignet. Ob Sie fahren, fliegen oder ein Schiff benutzen, ist eine Prozessfrage, eine Antwort zur Zielerreichung, keine Geschäftsanforderung.

Analyse des Bedingungsgefüges

An verschiedenen Stellen der Buches weisen wir darauf hin, dass Entscheidungen immer ein Dreischritt aus den folgenden Einzelschritten sind:

Dreischritt zur Entscheidung		
Bedingung/ Notwendigkeit	Motiv	Erkennbare Handlung

Abb. 7: Dreischritt zur Entscheidung

Da sind zum einen Bedingungen, die notwendig sind, um etwas zu erreichen: *„Mein Ziel erreiche ich nur dann, wenn …"* So kommen wir nach den Geschäftsanforderungen zu der Frage: *„Welche Bedingungen muss ich erfüllen, damit das Gewünschte eintritt?"* (zu Bedingungslogik siehe Lorenz/Höcker, 30 Minuten Wert-voll leben, Kap. 5). Für die Erfüllung dieser Bedingungen stehen die verschiedensten Interventionen zur Verfügung. Um diese handhabbar zu machen, haben wir sie in Abbildung 8 zum einen vertikal geordnet in solche, die durch den jeweiligen Menschen bedingt werden (Personen-Faktoren), und solche, die aus der Umgebung des Menschen kommen (Umgebungs-Faktoren). Die Horizontale ordnen wir zum andern, angelehnt an den Dreischritt der Entscheidung, in Architektur (eher strukturelle Bedingungen), in Motivation und in die zum Handeln notwendigen Techniken.

Performance sicherstellen

Aus den Bedingungen ergibt sich der Handlungsbedarf, die Interventionsnotwendigkeit. Die in Abbildung 8 beschriebenen Interventionsmöglichkeiten stellen dabei beispielhaft eine Art Portfolio dar. Meist sind weder alle Felder noch nur einzelne, sondern das Zusammenspiel einiger Felder nötig, um die Performance sicherzustellen.

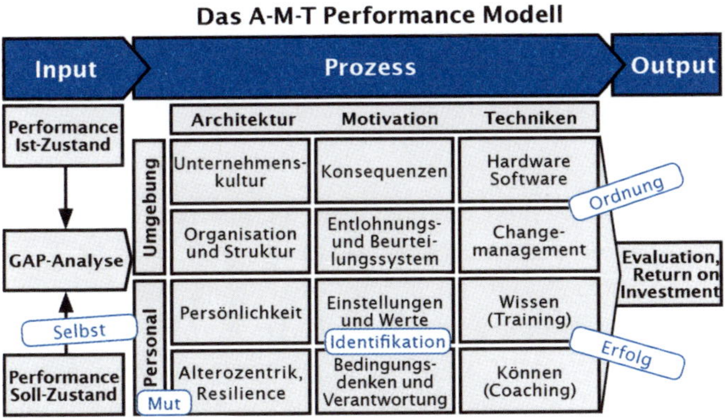

Abb. 8: Modell und Portfolio möglicher Interventionen

Diese miteinander zu analysieren und zu besprechen, was Mitarbeiter aus eigner Kraft schaffen können und wo sie Unterstützung oder Veränderungsentscheidungen brauchen, schafft Ordnung. So ist die GAP-Analyse in Mitarbeitergesprächen oder bei Zielvereinbarungen sehr nützlich, um zu fordern und zu fördern.

Krisen sind Zustände der Unordnung, die nach neuer Ordnung drängen. Analytische Betrachtungen schauen rückwärts auf Fakten und Veränderungen. Sie eignen sich besonders bei technischen Störungen. 30
Performance-Analysen fokussieren auf Unternehmenskrisen und suchen Interventionen bei Mensch und Umgebung, um aus einer Krise in eine Neuordnung zu führen.

30 MINUTEN

4. Führen durch das Wort

Stehe an der Spitze, um zu dienen, nicht, um zu herrschen!

Bernhard von Clairvaux

Umgangssprachlich führen wir Staaten und Unternehmen. Eltern führen ihre Kinder, Bergführer Wandergruppen, Behinderte führen wir über die Straße. Wir führen zum Erfolg, eine Ehe, ein Hotel oder ins gelobte Land. Führen dient. Die Werkzeuge unterscheiden sich dabei von Situation zu Situation. Dies ist eine klare Absage an alle Führungsstile, die als Richtlinie mehr vorgeben als: Mehre situativ das dir als Aufgabe anvertraute menschliche und unternehmerische Potenzial, ohne dass dein Potenzial ausbrennt.

4.1 Wo der Schwanz mit dem Hund wedelt

Personale Führung ist demnach ein dialektisches Feld aus Problem oder Aufgabe (unternehmerisches Potential), Mitarbeitern (menschliches Potenzial) und Führenden (eigenes Potenzial). Alle drei hängen quasi an einem Faden, verändert sich eines, verändern sich zwangsläufig auch die andern.

Abb. 9: Dialektisches Feld der Führung

Führungserfolg hängt somit ab vom gekonnten Ausbalancieren der Interessen von Mitarbeitern und Führenden, vor dem funktionalen Hintergrund der gestellten Aufgabe. Wer führt, ist somit für sich, andere und das Ziel da, nicht aber umgekehrt. Führen ist so immer eine individuelle Dienstleistung des Führenden. Genau diese Fähigkeit zur individuellen Dienstleistung allein „legitimiert die mit dem Führen verbundene Autorität" (Lay, Rupert: Charakter, S. 187). Sich in den Dienst anderer zu stellen, nennt man Demut.
Dienstleisten ist nicht mit einem persönlichen Martyrium zu verwechseln. Führen sollte nur derjenige dürfen, der auch für sich selbst eine Balance zwischen Person und Aufgabe findet. So könnte sich ein persönliches

Ausbrennen vermeiden lassen. Führende sollten immer wieder darauf achten, auch ihre persönliche Erlebniswelt in allen Dimensionen, also Rationalität, Sozialität und Emotionalität, zu kultivieren. Sie müssen neben vernunftgeleiteten Zielen es auch einmal genießen können, einen Sonnenuntergang ohne Zeitstress zu erleben, mit ihren Kindern zu spielen, auf Erreichbarkeit zu verzichten. Sich selbst führen bedeutet, bei allen äußeren Notwendigkeiten sein eigenes Leben zu leben, nicht das von anderen.

Eine erste Verleihung von Autorität an einen Dienstleister oder eine Führungspersönlichkeit finden wir schon im Alten Testament im Buch Exodus (3, 10). Hier beauftragt Gott Moses mit der Führung des Volkes Israel: *„Geh hin, denn ich will, dass du mein Volk aus Ägypten herausführst!"* Moses antwortete: *„Ach, Herr! Ich bin kein redegewandter Mann."* Antwort: *„Belehre sie über die Ordnungen und zeige ihnen den Weg, den sie gehen, und das Werk, das sie tun sollen."* Damit war die Dienstleistung umrissen: Ziele formulieren und Richtung aufzeigen. Moses war so zum Führer, oder in heutiger Sprache zum „Leader", beauftragt worden.

Im Buch Exodus heißt es weiter (ab 18, 21): *„Nun suche dir aus dem ganzen Volk tüchtige ... Männer aus ... und setze sie über die anderen."* So wählte Moses tüchtige Männer aus und machte sie zu Obersten von Tausend (Bereichsleiter), Obersten von Hundert (Abteilungsleiter) und so weiter. Führung teilte sich so in Leadership und Management auf.

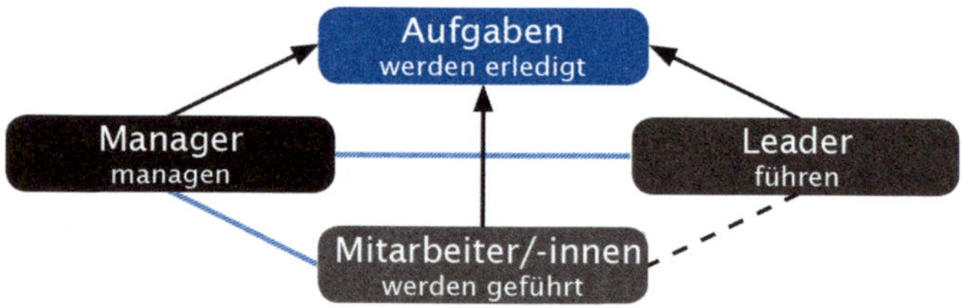

Abb. 10: Unterscheidung von Manager und Leader

Eine Metapher kann die Abbildung verdeutlichen. Auf dem Weg zum Ziel befinden sich ein Hirte (Leader), ein Hütehund (Manager) und die Wolle produzierende Herde. Kein „oben und unten", kein „besser oder schlechter" haftet dieser Beziehung an. Einziges Kriterium für die jeweilige Position ist es, wer welche Tätigkeiten für alle am wirkungsvollsten erfüllt. Der Hirte gibt die Richtung vor, sucht, wo das beste Gras für die Schafe vorhanden ist; die Hunde managen das Vorankommen, damit die Herde ohne Sorge in Ruhe Wolle produzieren kann. Im Vertrauen aufeinander ziehen sie erfolgreich ihres Weges.

Übertragen wir die drei Positionen in der Metapher auf unser Thema Führung, dann sind da zum einen die Mitarbeiter. Diese erhalten für ein vertraglich bestimmtes Ergebnis eine betriebliche Gegenleistung in Form von Lohn oder Gehalt. Dann ist da der Leader, der die Richtung vorgibt, Strategien entwickelt und für das Wohl des Unternehmens sorgt. Und letztlich, bei größeren Einheiten, gibt es die Manager, die dafür sorgen, dass die Mitarbeiter nicht bei der Erbringung der vertraglich zugesicherten Ergebnisse gestört werden.

Schaden abwenden statt Wohlfahrt stiften

Kein Hund käme auf die Idee, sich Gedanken zu machen, wie er die Motivation der Herde zum Fressen erhöhen könnte. Das ist weder Aufgabe des Hundes noch eines Managers. Manager haben Schaden von den Mitarbeitern abzuwenden, ihre Aufgabe ist es nicht, Motivation, Glück oder Zufriedenheit zu schaffen. Alle drei Worte gehören nicht in die Kategorie trivialer Fakten und sind daher in ihrer Umsetzung prinzipiell nicht entscheidbar. Nur Menschen mit Allmachtsvorstellungen neigen dazu, besser zu wissen, was anderen nutzt, als diese selbst.

Anders ist es, wenn ich sehe, dass auf jemanden schwerer Schaden zukommt, den dieser möglicherweise (noch) gar nicht erkennt. Hier verpflichtet mich eine kaum umstrittene Schadensminderungsethik dazu, Bedingungen zur Gefahrenabwehr zu ergreifen, zumindest aber aufzuzeigen. Im betrieblichen Kontext ist die Fürsorgepflicht der Führung eindeutig geregelt.

Führung bespricht mit den Mitarbeitern die dafür notwendigen Bedingungen und ändert diese Bedingungen bzw. fordert dazu auf. Das Nichttragen von notwendiger Sicherheitsausrüstung ist beispielsweise eine solche Bedingung, ohne die Schaden wahrscheinlich ist, der die vertraglich zugesicherte Leistung mindert. Hier gilt es nur, Schaden abzuwenden. Stellt eine Führungsperson fest, dass jemand seine Leistung (z. B. durch

Sucht) oder die Leistung anderer (z. B. durch Mobbing) negativ beeinträchtigt, führt das notwendigerweise zu einem Gespräch mit allen Konsequenzen.

Engagement ist die Bedingung und nicht die Antwort

„Lobe mich öfter, sei mir treu, befördere mich, erhöhe mein Gehalt und mein Engagement für dich wird steigen." Aussagen des täglichen Lebens, deren Häufigkeit wahrscheinlich viele Gehirne darauf konditioniert hat, die Botschaft sofort mit Schuldgefühlen zu beantworten. Die Folge: Die offensichtliche Verwechslung von Bedingung und Antwort wird nicht mehr wahrgenommen. Deshalb fragten wir einen noch nicht mit dieser Vorstellung infizierten jungen Handballspieler, ob er mehr Tore werfen würde, wenn wir ihn vor dem Spiel lobten oder wenn er gleich engagiert spielte, damit er nachher eine Belohnung bekäme. Ihm schien sofort klar zu sein, dass „Engagement" Bedingung und „Lob" Antwort sein müsse. Noch nie hätte seine Mannschaft als Anreiz schon vor dem Spiel die Tabellenpunkte bekommen. Lob und Anerkennung, Kundenbindung oder Treue sind Antworten auf geeignetes Engagement.
Nur wenn etwas attraktiv genug ist und bleibt, lautet die Antwort „Treue". Wird ein bestimmtes Maß an Enttäuschung überschritten, gehe ich. Wenn man für Treue Bonuspunkte vergeben muss, scheint etwas im Angebot nicht zu stimmen. Auch Loyalität (oder Respekt) ist nicht etwas, was man von Mitarbeitern oder Kunden

einfordern kann, es ist keine Bedingung für Arbeit, es ist die Antwort. Schaffe ich ein verlässliches Umfeld, kann Loyalität die Antwort sein. Die Beispiele solcher Sprachvergewaltigungen ließe sich noch fortsetzen. Auch hier wedelt der Schwanz mit dem Hund.

Nutzen statt Leistung

Wer auch immer auf die Idee gekommen ist, gerechter Lohn korreliere mit der Arbeitszeit statt mit dem Beitrag zur Wertschöpfung (dem Nutzen) – ist den Autoren unbegreiflich. Leistung ist, wie schon erwähnt, das, was ich tue, Nutzen ist das, was für den anderen dabei herauskommt. Dieser Nutzen muss nicht Rationalem folgen, sondern ist durch die Bedürfnisse (WEIB) des Empfängers bestimmt. Die bewegungslose Anwesenheit eines Menschen mag allein für einen Maler ein Nutzen sein, den er entsprechend dem Modell bezahlt. Daraus allgemeine Entlohnungsmodelle abzuleiten, erscheint uns eher fragwürdig.
Es mag in der Persönlichkeit einiger Menschen angelegt sein, schon allein das Engagement zu belohnen. Für andere ist es nur die Bedingung für belohnbaren Erfolg. Dies frühzeitig im Dialog mit den Mitarbeitern zu klären, ist ein wichtiger Teil der Gesprächsführung.

*Sprachlich und inhaltlich gilt es zu unterscheiden
zwischen Nutzen und Leistung, Schadensminde- 30
rung und Wohlfahrt, Engagement und Ergebnis,
Leadership und Management.*

4.2 Gut gefragt ist halb erfolgt

„Wer fragt, der führt", sagt ein bekanntes Sprichwort. Andererseits heißt es aber auch: *„Im Konflikt kann niemand Dominanz ertragen."* Wenn mich aber jemand durch Fragen führt, hat das durchaus dominante Züge. Kommen Sie einmal mit schlechtem Gewissen und innerem Konflikt verspätet nach Hause und begegnen dann der Frage: *„Wo kommst du denn jetzt her?"*, dann bekommen Sie sicher eine Vorstellung von dem, was wir hier sagen. In solchen Situationen empfehlen wir die Techniken des Zuhörens aus Kapitel 5. In diesem Kapitel gehen wir von einer an Antworten interessierten, emotional positiven Situation aus, in der Fragen sinnvoll erscheinen.

Mein persönlicher Fragestil

Die Einteilung von Fragen ist vielfältig. Die bekannteste ist die nach sogenannten offenen und geschlossenen Fragen. Fragen mit den Frageworten *was, wo, wann, wer, wie* und *wie genau* heißen offene Fragen, da diese offen und frei beantwortet werden können. Sie sind immer dann geeignet, wenn der Fragende viel wissen möchte oder möglicherweise Antwortmöglichkeiten selber gar nicht kennt. *„Sie verstehen, was wir meinen?"* – solche Fragen nennt man geschlossene Fragen, da sie nur ein *Ja* oder *Nein* als Antwort zulassen. Sie sind am sinnvollsten, wenn ich etwas absichern oder bestätigen lassen möchte.

Aus den Erfahrungen im Umgang mit persönlichen Präferenzen, besonders mit dem Myers-Briggs-Typenindikator, MBTI® (vgl. Lorenz/Oppitz, 30 Minuten Selbst-Bewusstsein) wissen wir, dass Menschen eher Fragen so stellen, wie sie selbst bevorzugt die Welt wahrnehmen und ihre Entscheidungen fällen.

Menschen, die eher Details wahrnehmen, fragen • Was wissen wir hier? • Wie funktioniert das? • Können Sie das belegen?	**Menschen, die kreativ eher das Ganze sehen, fragen** • Was kann das bedeuten? • Welche Ideen haben wir? • Gibt es da etwas Neues?
Menschen, die eher nach Fakten entscheiden, fragen • Was spricht dafür, was dagegen? • Aber was ist mit …? • Erscheint uns das logisch?	**Menschen, die eher nach Gefühl entscheiden, fragen** • Was heißt das für andere? • Was ist das Gute daran? • Ist das für dich in Ordnung?

Abb. 11: Formen der Wahrnehmung und des Entscheidens

Nutzen Sie diese kleine Tabelle, um Ihre Art der Fragestellung auf Vollständigkeit hin zu prüfen. Erleben Sie Fragen außerhalb Ihrer Präferenz als Bereicherung. Nicht selten scheitern Projekte daran, dass nur die Fragen gestellt werden, die einem persönlich emotional wichtig sind, aber nicht die, die zur Lösung notwendig wären.

Mit systemischen Fragen die Lösung im Blick

Die nachfolgenden Fragen können Sie sich selbst, aber auch jedem anderen stellen, der, statt Probleme zu wälzen, lieber lösungsorientiert über die Herausforderungen für den Erfolg der Zukunft sprechen möchte.

„Probleme sind Probleme, weil sie aufrechterhalten werden. Sie werden einfach dadurch zusammengehalten, dass man sie als Probleme beschreibt", sagt Steve de Shazer (de Shazer, S. 27). Es dient niemandem, wenn die Führung in das Problem mit einsteigt, gar mitleidet. Die Dienstleistung der Führung besteht darin, Bedingungen so zu ändern, dass sich eine Lösung anbietet. Diese Bedingungen sind, wie im Kapitel 3 dargestellt, der erste Schritt auf dem Weg zu Entscheidungen.
„Welche Bedingungen muss wer ändern, damit bei ausreichender Bewegung das Problem verschwindet?" Bei der Erörterung dieser Frage halten wir folgende Hinweise und Werkzeuge für beachtenswert:

1. Probleme von Lösungen trennen

Dass es in vielen Unternehmen nur noch Herausforderungen statt Probleme gibt, ist sicher nur dann ein lösungsorientierter Ansatz, wenn die Worte „Problem" und „Lösung" neben einer rhetorischen Floskel auch eine unterschiedliche semantische Bedeutung erfahren.

2 „Warum"-Aussagen streichen

Mit der Warum-Frage werden wir uns noch einmal in Kapitel 5 befassen. Für lösungsorientiertes Denken ist sie insofern ungeeignet, als sie uns in die Vergangenheit führt. Begründungen, weshalb es mir schlecht geht, ich erfolgsneutral bleibe etc., stellen nur nachgeschobene Schuldzuweisungen oder Befindlichkeiten dar. Diese sind allenfalls emotional entlastend, aber nicht lösungsorientiert. Sie lassen Aussagen hochkommen, die das Problem als Problem konservieren, statt es zu lösen.

3. Lösungsorientiert fragen – die Wunder- oder Traumfrage stellen

Zu den klassischen lösungsorientierten Fragen gehört insbesondere die Wunder- oder Traumfrage. Sie fokussiert auf einen gewünschten Zustand einer denkbaren Lösung. Sie ist somit zukunftsorientiert und nicht vergangenheitsanalytisch. Um sich darauf einzulassen, hilft möglicherweise die Erkenntnis, dass wir bei nicht trivialen Zusammenhängen, anders als bei der Ursachenanalyse, ohnehin nur Deutungen zur Verfügung haben. Weshalb dann Traum oder Wunder? Dazu eine Geschichte: Ich hatte geträumt, es gäbe in unserer Stadt nur noch eine der beiden Tageszeitungen. Der Traum war so realistisch, dass ich mich wunderte, morgens zwei Blätter auf dem Tisch zu finden. Dieses Phänomen nutzen wir bei der Wunder- oder Traumfrage.

Angenommen, Sie hatten den Traum, Ihr Problem sei gelöst. Woran würden Sie dies nach dem Aufwachen in der Praxis feststellen können? Was wäre anders? An den Antworten erkennen Sie, welche Bedingungen oder Umstände geändert werden müssten, damit Sie der Lösung näher kommen. Solche „systemischen Fragen" gehen von der Grundhaltung aus, dass jeder Mensch seine Lösungen in sich trägt. Eine Einstellung die sich aus der Bedingungslogik (vgl. Lorenz/Höcker, S. 69) ergibt und auch Grundlage von systemischem Coaching ist.

Skalierungsfragen

Wie viel jemand schon umgesetzt hat oder umzusetzen bereit ist, erfahren Sie durch Skalierungsfragen. Dazu gehören Fragen nach Prozent und Skalenwerten; sie laden dazu ein, Ideen, Konzepte, Stimmungen und Deutungen genauer zu unterscheiden und abzustufen.
Beispiel: „*Was glauben Sie, zu wie viel Prozent wenden Sie unsere Techniken schon bewusst an? Wie würden Sie Ihr Können auf einer Skala von 0 bis 10 selbst einschätzen, wenn 0 für ‚schon mal unbewusst gemacht' und 10 für ‚mehrfach bewusst und erfolgreich umgesetzt' steht?*"

Hypothetische Fragen

Mit ihnen zielen wir auf neue Sichtweisen und Handlungsmöglichkeiten. Es geht darum, einen Möglichkeitssinn zu entwickeln, gleichzeitig aber auch Barrieren (sogenannte Probleme) zur Seite schieben zu können.
Beispiel: „*Angenommen, die für Sie noch notwendige Spracherfahrung könnte in einem Seminar erworben werden, was wäre anders? Gut, das kostet Zeit und Geld. Gesetzt den Fall, beides würde Ihnen ausreichend zur Verfügung gestellt: Wie nahe glauben Sie, Ihrer Lösung kommen zu können?*" Jetzt lassen Sie wieder skalieren.

Risikofragen

Damit meinen wir nicht Fragen eines bekannten Fernsehquiz. Es geht vielmehr darum, dass wir zwar die Zukunft nicht voraussehen können, man aber dennoch von uns verantwortungsvolles, nachhaltiges Handeln erwartet. Verantwortungsvolles Handeln bedeutet, dass ich weiß, was ich tue, und bereit bin, für die Konsequenzen einzustehen. Ich habe die mir zugänglichen Quellen genutzt und nach Brauchbarkeit gewichtet sowie mögliche Risiken bedacht. Danach bin ich zu diesem oder jenem Entschluss gekommen. Fragen Sie sich: *„Wie wahrscheinlich ist es, dass ein Risiko eintritt?“*, und gewichten Sie nach „hoch“, „mittel“ oder „niedrig“. Ist die Wahrscheinlichkeit hoch, dass es eintritt, lautet die Frage: *„Wie kann ich dem vorbeugend entgegentreten?“* Da stets Überraschungen auftreten, folgt die Frage: *„Wie ist die Tragweite, wenn es doch anders kommt? Hoch, mittel, niedrig? Bin ich bereit, das Risiko zu tragen? Kann ich die Auswirkungen mindern?“*

Je kalkulierbarer eine Situation erscheint, desto größer wird die Bereitschaft zum persönlichen Engagement. Aber Achtung, um mit Karl Popper zu sprechen: Trotz der hohen Wahrscheinlichkeit, nur weiße Schwäne zu sehen, kann auch mal ein schwarzer vorbeikommen. Das Wissen darum macht Engagement realistischer.

Viele Fragen, die wir stellen, hängen mehr davon ab, was uns gerade interessiert, als dass sie zur Wirklichkeit I führten. Wir stellen sie geschlossen, um ein Ja oder Nein zu erfahren. Lösungsorientierte Fragen sind offene Fragen. Sie sollten Erfolg und Lösungen erfragen. Systemische Fragen bieten die Chance dazu. 30

30 MINUTEN

5. Sprechende Zuhörer erfahren mehr

Ich weiß nicht, was ich gesagt habe, bevor ich die Antwort meines Gegenübers gehört habe.

Paul Watzlawick

Im Alltag fällt schnell der Vorwurf: „Du hörst mir gar nicht zu!", oder die Bemerkung: „Das habe ich so nicht gemeint!" Mehr Geduld und Zuhören müssen keineswegs für Untätigkeit stehen, sondern können ein Zeichen für aktive Zurückhaltung sein. Vielleicht hat uns die Natur deshalb zwei Ohren, aber nur eine Zunge gegeben. Platon formulierte dies in seiner goldenen Gesprächsregel: „Verhalte dich alterozentriert."

5.1 Alterozentrik – eine positive Einstellung

Alterozentrik, ein Begriff, der im Wesentlichen aus unserem Sprachgebrauch verschwunden ist, ist dabei das Gegenstück zur Egozentrik und meint die Konzentration auch auf die Werte, Erwartungen, Interessen und Bedürfnisse (WEIB) des anderen, um über sie miteinander Ziele zu verfolgen. Dazu drei kurze Anmerkungen:

1. Kein Mensch ändert seine Meinung, nur weil andere ihm sagen, was diese für richtig halten. Gelingt es aber, die Bedürfnisse (WEIB) des anderen zu erreichen, wird dieser meist viele eigene Gründe für sich selbst finden, den Inhalt der Botschaft als nützlich anzunehmen.

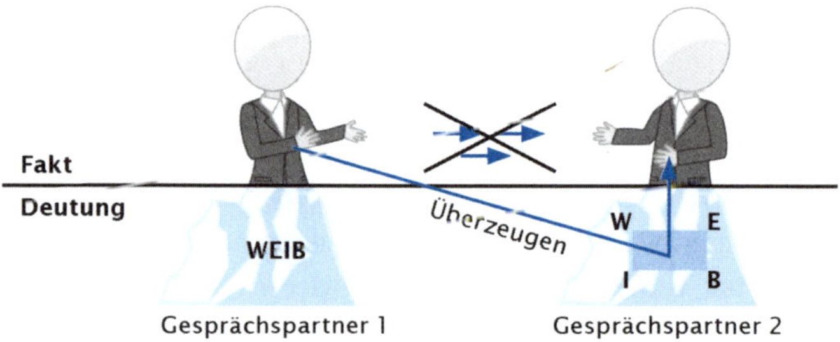

Abb. 12: Alterozentrik und Überzeugung

2. „Das Wesentliche sagt man sich nicht selbst, es wird einem gesagt“, schreibt Antoine de Saint-Exupéry. Aber nicht alles, was man sagt, ist wesentlich. Was ich sage, ist in erster Linie ein Nachweis *meiner* Bedürfnisse.

Über die Frage *„Weshalb musste ich das sagen"* hatten wir schon beim Feedback gesprochen. Die Frage *„Welches Bedürfnis oder welche Bedingung erkenne ich im „Sagen-Müssen" des anderen?"* führt zur Alterozentrik.
3. Wenn Ihnen Zuhören schwerfällt, zwingen Sie sich mal, eine Zeit lang nur auf das zuletzt Gesagte des anderen zu achten. Zuhören ist nicht Vorbereitung auf den Genuss eigener Geräusche, sondern eine anstrengende, aber lernbare Technik. Es ist aber auch eine Einstellung.

Empathie

Den Aussagen der Psychologen Siegmund Freud und Theodor Lipps lauschend, würde heute mancher für Alterozentrik das aus dem Englischen rückübersetzte Wort der ‚Empathie' wählen.
Empathie ist ein weiterer moderner Begriff, dessen semantische Bedeutung in der Literatur vielfältig ist, dessen emotionale Besetzung aber manchen zur Höchstform auflaufen lässt. Die Begeisterung stieg, seitdem man erkannt hat, dass Menschen durch sog. Spiegelneuronen in der Lage sind, bei von uns beobachteten Gefühlsregungen eines anderen bei uns selbst die gleichen für das Gefühl zuständigen Gehirnregionen zu aktivieren. Ein Zustand, der da ist, aber mit welchen Deutungen?
Gestützt auf die Hirnforschung und den Konstruktivismus, ist Empathie für uns eine Wahrnehmungsform. Sie ermöglicht es uns, andere – von außen – zu erfassen. Unser Gehirn löst dabei Reaktionen aus, auf deren Basis wir glauben, die Emotionen eines anderen zu ver-

stehen, obwohl wir nur unsere eigenen Emotionen erleben. Daraus zu deuten, man würde die Gefühle des anderen nun verstehen, halten wir für eine gewagte These.

Das Phänomen der Spiegelneuronen gilt nicht nur für reale, sich gegenüberstehende Menschen, sondern auch für Personen im Kino. Und obwohl jeder weiß, dass den Schauspieler in diesem Augenblick wohl eher die Hitze bei den Dreharbeiten emotional beschäftigt, spiegeln uns die Neuronen unsere Emotionen von Freude oder Schicksal als die des Schauspielers vor. Dies kann bei uns z. B. Weinen auslösen. Den Schauspieler deshalb trösten zu wollen und ihm unser Mitgefühl auszusprechen, erscheint uns für den Alltag untauglich.

Und doch ist Empathie wichtig, wenn sie nicht nur Antwort auf Spiegelneuronen ist, sondern ein kognitiver Prozess des Verstandes. Dieses bewusste Tun ist in der frühkindlichen Erziehung ein wichtiges Instrument, u. a. damit Kinder in ihrer Entwicklung Sprachspiele zu ihren Emotionen ausbauen.

Später erscheint uns Empathie wesentlich, wenn sie sich darauf beschränkt, das Dasein von Gefühlen anderer zu erkennen und den Gefühlen eine uns vertraute Bedeutung zu geben, um dann wertfrei damit umzugehen. Empathie ist also wertfreies Erkennen von Gefühlen, sogar eigenes Nachfühlen, nicht aber deutendes Einfühlen. Wenn Gutmenschen oder Helfer diese allerdings zur Befriedigung ihrer eigenen Bedürfnisse nutzen, verliert Empathie den Charakter der Alterozentrik.

„Das Wesentliche sagt man sich nicht selbst, es wird einem gesagt.“ Nur wenn ich die persönlichen Bedingungen des anderen erfasse, kann ich ihn darüber erreichen, möglicherweise gar überzeugen. Solange wirklich der andere im Fokus des Hörens steht und weder meine Deutungen, mein Lebensschicksal noch mein Helfersyndrom, ist Alterozentrik eine lebensbejahende Einstellung. 30

5.2 Logik – Zuhören für Unwissende

Nicht immer sind wir, gerade als Führende, in allen Themen die Spezialisten. Bei politischen Talkshows klingt es oft, als hätten alle Teilnehmer recht. Gerade bei nicht trivialen, also prinzipiell nicht entscheidbaren Aussagen, sagen die Redner mehr über die eigene Gedankenwelt denn über die Realität des Daseins aus. Genau diese Gedankenwelt des Sprechenden herauszuhören, kann ein strategischer Vorteil sein.

Analyse nicht trivialer Aussagen

„Vom Lesen dieses Buches werden Sie profitieren, denn ...!“ Lauschen Sie den jetzt folgenden Begründungen. Meist zeigt der Sprechende hier, welche Bedingungen er für motivierend hält und somit welches Sprachspiel dahintersteckt.

„Profitieren“ kann in einem ökonomischen Sprachspiel

„Shareholder Value" bedeuten, in einem ökologischen „Nachhaltigkeit", in einem ethischen „sich dem Werteverfall entgegenstemmen".
Hören Sie zu und denken Sie analytisch! Fragen Sie sich, wes Geistes Kind jemand sein muss, damit seine Bedingungen für jeden nachvollziehbar notwendig sind. Was ökonomisch notwendig ist, kann ökologisch sinnvoll oder sogar ethisch verwerflich sein. Ob Sie dem anderen in diese Gedankenwelt folgen möchten, können Sie auch ohne Detailwissen überprüfen.

Analyse trivialer Aussagen

Grundlage hierfür ist die Logik des Aristoteles, der sagte, dass man für eine formal richtige Argumentation immer drei Teile brauche: das allgemeingültige Gesetz (*Alle Menschen sind sterblich*), den spezifischen Fall (*Sokrates ist ein Mensch*) und die aus dem Zusammenhang sich ergebende Folge (*Sokrates ist sterblich*). Wir können hier nicht tiefer in diese Thematik einsteigen (s. dazu Lay, Kommunikation). Für das schnelle, gekonnte Zuhören ergeben sich daraus aber einige Regeln, die das Prüfen einer formal richtigen Argumentation erleichtern:

1. Prüfen Sie das Prinzip

Allzu oft argumentieren Menschen nur mit zwei Sätzen und sparen sich dabei meist den Prinzipiensatz. *„Tun Sie alles dies, zeigt all unsere Erfahrung. Es zu tun, wird Ihnen stets nutzen."* Dem analytischen Zuhörer könnte auffallen, dass das Prinzip fehlt. Es müsst lauten: *„Alle unsere Erfahrungen sind für jeden Leser gut.“*

Prinzip: *Alle unsere guten Erfahrungen sind für alle Leser gut.*

Fakt: *„Alle Tools stets zu nutzen, ist unsere gute Erfahrung.“*

Folge: *„Alle Tools stets zu nutzen, ist für alle Leser gut.“*

Diese Aussage mag logisch sein. Ob wir unsere „Allmacht“, wie das Beispiel glauben macht, empirisch halten können, sollten Sie prüfen. Es liegt nun an Ihnen, ob Sie uns folgen, ob Sie ein schlechtes Gewissen haben, weil Sie das bisher nicht getan haben, oder ob Sie sich einfach mal fragen, was man Ihnen einreden möchte.

2. Prüfen Sie Teilmengen

Bleiben wir im allmächtigen Beispiel des vorigen Abschnittes. Ersetzen Sie „all“ einmal durch eine Teilmenge „einige“: *„Unsere Erfahrungen sind für einige Leser gut.“* Dann folgt nur noch, dass auch das Tun nur für einige gut ist. Sind sogar nur einige Erfahrungen für einige Leser gut, dann folgt nichts mehr zwingend. Aus einer Teilmenge kann nur eine Teilmenge folgen, aus mehreren Teilmengen folgt gar nichts mehr. Das kann man hören!

Dieser Abschnitt sollte keine Einführung in die Logik, wohl aber ein Appell sein, zu hören, was andere einem eigentlich erzählen, bevor man sich emotional darüber freut oder ärgert, ihm zustimmt oder es ablehnt.

30 *Nicht immer sind wir in der Lage, alle Aussagen anderer sofort fachlich bewerten zu können. Eine Analyse des Sprachspiels und der Einhaltung der Regeln des logischen Argumentierens entlarvt oft die Fehler.*

5.3 Spiegeln – eine therapielose Kunst

Dass Zuhören mehr ist als Vorbereitung auf eigenes Reden, ist vielen klar. Dass aktives Zuhören so wie Sprechen trainiert wird, verwundert viele. Trainiertes Zuhören ist besonders bei hoher Emotionalität oder Widerstand während eines Gesprächs eine Lösung.
Allzu oft folgt ein Gespräch der folgenden Darstellung:

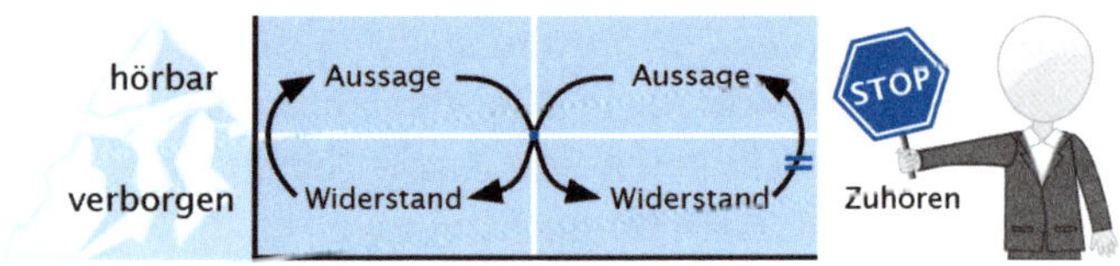

Abb. 13: Sprach-Schmetterling

Da kommt hörbar eine Aussage, die nicht beobachtbar emotionalen, situativen oder rationalen Widerstand auslöst. Dies führt zu einer hörbaren Aussage, die wiederum beim anderen Widerstand auslöst usw. Diese Endlosschleife kann bewusstes Zuhören unterbre-

chen. Man kann mit bewusstem Zuhören seine Wahrnehmung überprüfen, sich beruhigen und distanzieren. Wenn die Aussagen des Gegenübers redundant werden, also nichts Neues mehr kommt, kann man sogar damit beginnen, eigne Aussagen vorzubereiten. Eine Form des bewussten Zuhörens nennen wir „Spiegeln". Als Form des Zuhörens soll es meinem Gegenüber einfach einen Spiegel vorhalten. Was tut ein Spiegel? Er bildet – im Normalfall – 1:1 ab. Im Spiegel bin nicht ich als Zuhörer zu sehen, sondern ausschließlich der andere, also derjenige, der spricht. Sprachliche Spiegel beginnen daher auch nicht mit *„Ich"*, sondern mit *„Du"* oder *„Sie"* (wir bleiben hier beim *„Du"*). So spiegelt sich das, was jeder sehen kann. Der Spiegel beginnt mit Formulierungen wie *„Du sagst ...", „Du fragst ...", „Du klingst ..."*.
Beispiele: *„Du sagst, du seiest glücklich! Das klingt, als wärest du zufrieden!" „Du fragst dich, ob ich mitmache!"* Zeigt der Spiegel das Gemeinte des anderen, folgt ein *„Ja, weil ..."*, misslingt er, wird mit *„Nein, sondern ..."* geantwortet. Die meisten Sprechenden nehmen solche Formulierungen als Spiegel an, wenn diese bewusst als Aussage und nicht als Frage betont werden.

Beachte die Funktion der Sprache

Platons Regel „Beachte die Funktion der Sprache" ist auch heute noch Basis für Kommunikationsmodelle (vgl. u. a. Schulz von Thun). Sprache folgt verschiedenen Zwecken. Sie kann auffordern, mitteilen, anerkennen, kritisieren, informieren. Unserem Dreischritt – Fakt, Deutung, Handlung – folgend, sind die Worte da, der Zweck wird aber gedeutet. Diese Deutung löst unsere Handlung aus.

Nehmen wir den Satz: *„In fünf Minuten ist das Essen fertig!"* Den Satz kann man hören (Fakt). Er kann nun von Ihnen und der Familie vielfältig gedeutet werden:

Er kann damit ein Appell verbunden sein, dass jemand vorher den Tisch decken soll. Er kann auch dahingehend gedeutet werden, dass der Sender eine Ich-Aussage als Selbstdarstellung platzieren wollte, nach dem Motto: Ich halte mich an die Zeit.

Oder er dient dem Kontakt auf der Beziehungsebene: Du bist (nicht) okay, weil du mich (nicht) unterstützt.

Und dann gibt es noch den Inhalt auf der Sachebene, dass das Essen in fünf Minuten (also um 12:20 Uhr) fertig sein wird.

Diese vier Deutungen einer Botschaft lassen erahnen, wie schnell es an dieser Stelle bereits zu Missverständnissen kommen kann, wenn man etwas anders versteht, als es gemeint war. Für alle vier Felder ergeben sich in Abbildung 14 Spiegelformen, die mich dem Gemeinten näher bringen.

Erhalte ich eine Zustimmung, habe ich mit dem Sender eine Übereinstimmung im Botschaftsfeld. Wenn nicht, folgt meist ein *„Nein, sondern ..."*.

Um gezielter spiegeln zu können, gehen wir auf Selbstdarstellung und Kontakt noch etwas näher ein. Inhalt und Appell nehmen wir einmal als selbsterklärend an.

Selbstdarstellung	Kontakt
Spiegel klärt das WEIB des Senders Formulierung: Sie sagen, Sie sind ...	Spiegel überprüft positive/ negative Du-Aussage gegenüber dem Empfänger Formulierung: + Sie fragen sich, ob ich ... - Sie sagen, ich sei (schuld) ...
Inhalt	**Appell**
Spiegel benennt die beschreibbaren Fakten Formulierung: Mit anderen Worten ...	Spiegel überprüft die Aufforderung gegenüber dem Empfänger Formulierung: Sie sagen, ich soll ...

Abb. 14: Spiegelvarianten für die Funktionen der Sprache

Selbstdarstellung führt zur Selbstdarstellung

Menschen ist es wichtig, sich selbst darzustellen, etwas über sich, die eigenen Gefühle, Erfahrungen und Interessen zu sagen. Dabei folgen wir oft einer Kommunikationsregel, wonach die Selbstdarstellung des einen die Selbstdarstellung das anderen auslöst. Dies hat einen hohen sozialen Stellenwert, bringt uns einander näher, ist allerdings nicht der primäre Inhalt oder das primäre Ziel beruflicher Besprechungen. Zur Verdeutlichung ein Beispiel:
1. Person: *„Ich fahre bald nach Italien in den Urlaub."*
2. Person: *„Ich fahre wieder nach Frankreich."*
1. Person: *„Nein, du musst unbedingt mal nach Italien ..."*

Unsere Abbildung 13 vom Sprach-Schmetterling lebt. Ein Spiegel könnte dies unterbrechen: *„Du sagst, du liebst Italien!"* (Kein ?) Die Antwort: *„Ja total, weil ..."* Eine solche Reaktion hätte Person 2 mehr über Person 1 erfahren lassen. Fazit: Zuhören!

Kontaktvergewisserung und Du-Botschaften

Mit Sprache bauen wir zum anderen positive Nähe und Kontakt auf. Hier dient Sprache dem Abgleich von Wellenlängen als Basis einer Beziehung. Wenn sich zwei junge Menschen beim Tanzen gegenseitig versichern, wie toll die Musik sei, kann dies der Einstieg in ein nachhaltiges Miteinander sein. Der Spiegel: *„Du fragst dich, ob ich die Band auch gerne höre?"*, ermuntert zu mehr Sympathieaustausch.

Was aber, wenn es in dem so entstandenen Miteinander einmal nicht im Gleichklang läuft? Hier wird aus der positiven Kontaktvergewisserung schnell eine vorwurfsvolle „Du-Botschaft": *„Kannst du nicht aufpassen, du trittst mir auf die Füße …"* Folgt nun eine Reaktion im Stile von: *„Aber du, du hast …"*, flattert wieder unser Sprach-Schmetterling. Der Spiegel *„Du sagst, ich sei unaufmerksam!"* hätte diese Schleife wieder unterbrochen. Die Antwort *„Nein, nicht unaufmerksam, sondern …"* hätte den Zuhörer der momentanen Gefühlslage näher gebracht und der Sprecher hätte sich irgendwann auch wieder beruhigt. Zuhören!

Wie Menschen Menschen fertigmachen

Eine vor allem in der Erziehung beliebte, aber nicht sinnvolle Form der „Du-Botschaft" sei noch beschrieben: die „USA-Sozialisation". USA steht für Unsicherheit, Schuld und Angst.

Unsicherheit entsteht, wenn wir andere fragen, was diese nicht wissen können. *„Sie wissen doch sicher, wie* *die Erde entstanden ist." – „Nein. Bin ich nicht okay?"* Besonders wirksam sind „Warum"-Fragen: *„Warum ist dein Zimmer nicht aufgeräumt?"* Was soll man darauf sagen? Verunsichert/frustriert wird aufgeräumt.

Wenn das nicht geschieht, bringt der Redner „S" (für Schuld) ins Spiel. Schuld verstärkt das Ganze noch. Dies gelingt besonders gut durch die Konfrontation mit einem nie abgesprochenen Wertesystem. *„Ordnung ist das halbe Leben."* Noch effektiver ist die Schuldzuweisung, wenn wir sie mit etwas verbinden, was Schuld erzeugt, ohne dass es einen kausalen Zusammenhang gibt (sogenannte Doppelbindung). *„Ein Kind, das seine Eltern liebt, räumt sein Zimmer freiwillig auf."* Heftig, aber dennoch nicht begründbar. Auch wer nicht aufräumt, kann seine Eltern lieben.

Angst als letzter Verstärker zeigt auf, vor was man sich zu fürchten hat: *„Wundere dich nicht, wenn in dieses Zimmer keine Freunde mehr zu Besuch kommen!"*

Es zwingt Sie keiner, sich nach den USA-Spielen anderer schuldig zu fühlen. Spiegeln Sie: *„Du sagst, ich sei nicht okay."* („Okay" mit Inhalt füllen). So erfahren Sie etwas über das WEIB des anderen. Sie deeskalieren.

Beim analytischen Zuhören geht es darum, das zugrunde liegende Prinzip einer Aussage zu verstehen. Mit dem Spiegeln als Form des aktiven Zuhörens besitzen Sie ein Werkzeug, um sich ganz darauf zu konzentrieren, was der andere im Gespräch ausdrückt. 30

30 MINUTEN

6. Innere Stärke für Stehaufmännchen

„Was mich nicht umbringt, macht mich stark."

Friedrich Nietzsche

Unerschütterlich, sturmerprobt und krisenfest sind Eigenschaften des oft beschriebenen Felsens in der Brandung. Oft wünschen wir uns diese Standfestigkeit nach außen gerichtet beruflich, in Vereinen, Organisationen oder auch privat. Bestehen Sie aber auch in der gewaltigsten Brandung Ihres Inneren – dem Gespräch mit sich selbst.

Alle Werkzeuge in diesem Buch können Ihrer persönlichen Überzeugungsstärke, Standfestigkeit, aber auch Widerstandskraft (Resilienz) dienlich sein.

6.1 Überzeugend in der Brandung stehen

Sie haben dafür schon eine Fülle an Rüstzeug:

- Lösungsorientierte Kommunikation lässt Sie nicht an Problemen verzweifeln.
- Fragen der Ursachenanalyse helfen Ihnen, Sachverhalte zu klären, statt nach Schuld zu fragen oder sich unbegründet schuldig zu fühlen.
- Damit nicht der Schwanz mit dem Hund wedelt, unterscheiden Sie, was Voraussetzung oder Frage und was Antwort ist.
- Ihr Selbstbewusstsein wird durch gekonntes Feedback, aber auch berechtigte Kritik gestärkt.
- Zuhören befähigt Sie, auch bei Widerständen ruhig zu bleiben und zu hören, was los ist.
- Mit ausgeglichener Rationalität, Emotionalität und Sozialität schaffen Sie die Balance zwischen Personen- und Umgebungsfaktoren.

Standfest auf zwei Beinen – Wirkung nach innen

Mit beiden Beinen im Leben stehen. Gemeint ist damit eine Widerstandskraft als Eigenständigkeit oder Unabhängigkeit im Alltag, auch Resilienz genannt (nicht nur, wie beim Ursprung der Resilienz, in traumatischen Situationen). Versöhnen Sie sich mit Ihrer Persönlichkeit. Erkennen Sie, was Ihre erfolgreichsten Facetten sind oder was Stress erzeugt (Lorenz/Oppitz, 2014). Gehen

Sie damit versöhnlich um. Stellen Sie sich durchaus paradoxen Anforderungen, die zu jonglieren Ihnen Selbstsicherheit verschafft: Gefühle frei lassen, um sie bei Bedarf einfangen zu können, Unordnung in der Krise bejahen, um Ordnung zu schaffen, Systeme zu hinterfragen, um Systeme zu schaffen: Das schafft Resilienz, sichert eine gute Grundlage, um voller Mut über die Brücke zur Unabhängigkeit zu gehen. Anders als der Weg durch den kalten Fluss, verringert die Brücke – um im Bild zu bleiben – Ihre persönliche Anfälligkeit und erhält Ihre Gesundheit.

Standfest auf drei Beinen – Wirkung nach außen

Dass ein Stativ drei Beine hat, liegt an der besseren Standfestigkeit. Auch wir haben immer wieder „Dreibeine", sogenannte Dreischritte, für die Erklärung der Sachverhalte des Sprach-Führers genutzt: Fakt – Deutung – Handlung; Bedingung – Motiv – Handlung; Prinzip – Einzelfall – Folge; Anamnese – Diagnose – Therapie; Rationalität –Emotionalität – Sozialität.

Diese Liste ließe sich fortsetzen. Offensichtlich scheint es uns Menschen irgendwie innezuwohnen, in Dreischritten zu denken: Vergangenheit – Zukunft – Gegenwart; auf die Plätze, fertig, los!

Nutzen Sie dieses Phänomen, um mit dieser Form standfest in der Argumentation zu werden. Gliedern Sie Ihre Gesprächsführung in Dreier-Aussagen: Kindheit – Ausbildung – Tätigkeit; These – Antithese – Synthese;

Aussage – Begründung – Beispiel. Das sollten Sie jetzt üben (Aussage). Der Grund liegt in der wachsenden Anwendungssicherheit (Begründung). Zum Beispiel haben Seminarteilnehmer durch kleine Schreibübungen den Erfolg verdoppelt (Beispiel).
Einerseits (1) kostet das Zeit, andererseits (2) verkürzt es Besprechungen, sodass (3) es sich zu lohnen scheint.

30 *Innere Stärke (Resilienz) ist die Grundlage, um mit Mut zu Unabhängigkeit zu kommen. Standfeste Argumentationsformen unterstützen Sie in der Außenwelt.*

6.2 Selbstkonzepte gewaltfrei verwirklichen

Nach diesem letzten Werkzeug der Argumentation nähern wir uns dem Ende unserer Fahrt entlang dem Fluss. Traditionsgemäß findet hier die „Kapitänsfragestunde" statt. Darauf wollten wir mit interessanten Fragen vorbereitet sein. Doch zunächst darf ich Ihnen den Kapitän einmal vorstellen. Sein Name ist „Ich".
Von der Souveränität des Kapitäns ist das Gelingen jeder Reise abhängig. Seine Fähigkeit, (Wetter-)Fakten gekonnt zu deuten, seine (Werte-)Orientierung, seine Bereitschaft, sich Probleme einzugestehen, seine Fähigkeit, sich selbst zu führen und dabei seine Persönlichkeit zu nutzen, bestimmen den Erfolg.

Sich selbst etwas eingestehen

Menschen und ihre Systeme neigen dazu, sich selbst gegen Krisen zu schützen. Entsprechende Abwehrmechanismen schaffen Immunität. Vergleichbar einer Grippe kann es aber auch sinnvoll sein, die Krise einmal zuzulassen und sich einzugestehen, sich in Ruhe zu begeben. Lassen Sie „die Seele baumeln", finden Sie, möglicherweise durch Meditation, zu sich. In dieser Gelassenheit haben Sie Zeit, sich zu fragen:

1. Was ist in mir (selbst jetzt) lebendig? (Motiv)
2. Was würde mir zukünftig helfen? (Bedingung)
3. Welche (Be-)Handlung brauche ich? (Handlung)

Wieder eine Betrachtung im Dreischritt von Bedingung – Motiv – Handlung. Es geht dabei, wenn man Rosenbergs Ausführungen zur „Gewaltfreien Kommunikation" folgt, darum, eine einfühlsame Verbindung zu sich selbst sowie seinen Bedürfnissen und Emotionen aufzunehmen. Und, wenn diese einmal nicht erfüllt werden können, sich zu fragen: *„Wodurch würde sich meine Lebensqualität verbessern?"* Darum können Sie sich und andere durchaus bitten. „Der Hauptgrund dafür, dass unsere Bedürfnisse unerfüllt sind, ist, dass wir keine klaren, konkreten Bitten geäußert haben." (Rosenberg, S. 15)

Auch Sokrates ließ schon erklären, dass es sein Lebensziel sei, dass die Athener es als wichtigstes Ziel erkennen, für ihre Seelen zu sorgen. „Seine Forderung, dass man zu sich selbst finden muss, ist auch heute noch der einzige Wert für jeden von uns, ein wirklich erfülltes Leben zu führen. Zu viele Menschen lassen ihr Leben – und ihre Seele – zu Hause, wenn sie zur Arbeit gehen“, schreibt die Mitbegründerin der Huffington Post, Arianna Huffington (Huffington, S. 31).

Indem sie „ihre Seele zu Hause lassen“, entstehen Systemagenten, die nicht mehr *ihr* Leben leben, sondern das Leben anderer, wodurch sie sich zum bloßen Mittel fremder Interessen degradieren lassen. Das ist nicht unsere Vorstellung eines „wert-vollen Lebens“, wie wir es an anderer Stelle beschreiben (vgl. Lorenz/Höcker). Dass Systemagenten auch mit den beschriebenen Werkzeugen wie Feedback, Lob, Empathie, Zuhören oder Alterozentrik arbeiten, haben wir immer wieder kritisch erwähnt. Sie als unsere Leser wollten wir nicht zu dieser abhängigen Nutzung auffordern, sondern zu einer freien, weil lebensmehrenden. Haben Sie den Mut, Ihr Leben eigenständig und reflektiert zu leben und dabei das Leben anderer in gleicher Weise zu entfalten. Dafür stellen wir Ihnen die Werkzeuge gerne zur Verfügung. Eine gute Reise zum sprachlichen Erfolg!

30 ***Wir haben mit diesem Sprach-Führer unterschiedlichste Aspekte der Kommunikation beleuchtet und Anregungen formuliert, um mit Sprache erfolgreich umzugehen. Ein wesentlicher Faktor für Ihren Erfolg wird darin bestehen, dass Sie den Mut haben, an die Orte Ihrer Kommunikation zu gehen und etwas zu verändern.***

Fast Reader

1. Deutungen sind der Fakten Tod

Definitionen helfen, die semantische Bedeutung von Begriffen zu benennen. Diese Sprachspiele klären, in welchem Kontext ein Begriff von allen Beteiligten gleichermaßen als Fakt benannt wird (Wirklichkeit I).
Momentane Werte, Erwartungen, Interessen und Bedürfnisse (WEIB) bestimmen, welche emotionale Besetzung wir einem Begriff geben. Dies führt zu unterschiedlichen Meinungen und Deutungen (Wirklichkeit II).

Prinzipiell nicht entscheidbare, weil nicht triviale Fragestellungen geben uns die Freiheit und die Verantwortung, mit Sprache verantwortungsvoll umzugehen, indem wir unter anderem Fakt und Deutung unterscheiden.

2. Feedback und andere schwierige Gespräche

Im Feedback drücke ich aus, wie ich das Verhalten meines Gegenübers deute. Feedback ist aber auch der Schlüssel zu mir selbst und eine Einladung, um einerseits über die eigene Wahrnehmung zu reflektieren, andererseits aber auch Handlungen beim anderen einzufordern.
Anerkennung und Kritik setzen Fakten über eine (positive oder negative) Abweichung von einem vereinbarten akzeptierten Maßstab voraus. Sie sind dann die emotionsfreieste Form der Rückmeldung.

30 ***Bei Konfrontationen treffen unterschiedliche Deutungen aufeinander. Im Diskurs können die sachbezogenen Fakten abgeglichen werden. Dabei ist es wichtig, Person und Inhalt zu trennen. Toleranz, Akzeptanz, noch besser aber der Dialog helfen, eine gemeinsame Lösung, bei der alle gewinnen, anzustreben.***

3. Analyse als Performancetreiber

Wenn die alte Ordnung zusammenbricht, sprechen wir von einer Krise und wünschen uns Klar-

heit für die Zukunft. Dabei hilft mitunter, zunächst zu analysieren, welche Ursachen die Krise ausgelöst haben. Im nächsten Schritt kann dann über die Bedingungen gesprochen werden, die für eine neue Ordnung notwendig sind und so dazu beitragen, die Performance zu verbessern.

Performance-Analysen helfen, den Weg vom Ist zum Soll zu beschreiben und dabei den Fokus auf das Zusammenspiel von Menschen und Rahmenbedingungen zu legen. Menschen handeln dort, wo sie für sich einen Beweggrund/ein Motiv erkennen. Die Klärung notwendiger Bedingungen für diese Handlung ist die grundlegende Voraussetzung im Dreischritt Bedingung – Motiv – Handlung. 30

4. Führen durch das Wort

Sprache ist ein starkes Führungswerkzeug, um Engagement auf dem Weg zum Erfolg zu fördern und zu fordern.
Führungserfolg ist die gekonnte Balance des Führenden zwischen der gestellten unternehmerischen Aufgabe und den personalen Begabungen der Mitarbeiter. Dabei unterscheiden sich die zu erledigenden Aufgaben für Manager und Leader deutlich. Beiden gemeinsam ist, dass „führen“

„dienen" bedeutet, nur so legitimiert sich die damit verbundene Autorität.
Lob, Treue, Loyalität sind Antworten auf gelungenes Engagement und nicht Voraussetzungen dafür. Hier sollte der Schwanz nicht mit dem Hund wackeln.

30 ***Wer fragt, der führt, bedeutet für den Führenden den bewussten Einsatz von Fragetechniken. Lösungsorientierte Fragen erscheinen dabei geeigneter als problemkonservierende, um systemische Prozesse zu steuern.***

5. Sprechende Zuhörer erfahren mehr

Empathie ist das wertfreie Nachfühlen der Gefühle eines anderen, nicht aber das deutende Sich-Einfühlen in eine andere Person. Logik ist die Überprüfung der formal korrekten Aussage. Das der Logik zugrunde liegende Prinzip zeigt die Denkwelt des Sprechenden.
Bei emotionalen Aussagen oder Widerständen ist aktives Zuhören eine Lösung, indem dem Sprechenden dessen eigene Aussagen gespiegelt werden.

Menschen ändern ihre Meinung, weil ich ihnen zuhöre. Das klingt zunächst überraschend, basiert aber auf den antiken Regeln der Gesprächsführung, wonach ich mich auf mein Gegenüber einstellen muss, um zu überzeugen. Diese Idee der Alterozentrik ist mehr als ein Tool, es ist eine Haltung.

6. Innere Stärke für Stehaufmännchen

Sich mit Sprache überzeugend zu präsentieren, setzt nach außen Argumentationsfähigkeit voraus. Innere Stärke (Resilienz) ist die Basis, um mutig die eigene Unabhängigkeit mit Leben zu füllen. Lassen Sie beim Gang zur Arbeit nicht Ihre Persönlichkeit zu Hause. Lassen Sie lieber beim Gang nach Hause den Arbeitsstress zurück, damit die Seele auch mal baumeln kann.

Innere Stärke besitzt derjenige, der mit beiden Beinen im Leben steht und mit den Stärken und Schwächen seiner eigenen Persönlichkeit versöhnlich umgeht. So entfalten sich Souveränität und Unabhängigkeit.

Der Dialog mit sich selbst und der Mut, das eigene Leben zu leben und zu reflektieren, befähigen Menschen auch nach Krisen, wieder aufzustehen und nicht nur sprachlich zu überzeugen.

Die Autoren

Thomas Lorenz, Dipl.-Ökonom

Die Idee, ein Buch über Sprache in Form eines Reiseführers zu schreiben, hatte der Vorsitzende der A-M-T selbst. Als erfolgreicher Sprach-Führer ließ er sich gerne von seinem Mentor und Ehrenaufsichtsrat Rupert Lay und dessen Ansätzen zu Ethik oder Dialektik inspirieren. Wer mit Thomas Lorenz spricht, erkennt schnell klare Ecken und Kanten, aber auch eine an Werten ausgerichtete Persönlichkeit. So schätzen ihn Kunden als zertifizierten Mediator, Coach, Ausbilder und Redner.

Stefan Oppitz, Master of Education (M. Ed, USA)

Nach einer „Rundreise" durch Deutschland und einem Abstecher in die USA arbeitet er als A-M-T-Vorstand seit vielen Jahren in seiner Heimat Düsseldorf. Wie Sprache im Alltag beruflich und privat genutzt werden kann, fasziniert ihn besonders in Kombination mit unterschiedlichen Persönlichkeiten. Verbindlich und nachhaltig beschreibt er komplexe Themen verständlich. Mit innerer Stärke spricht er als Trainer und Berater auf Deutsch und Englisch mit seinen Kunden.

Weiterführende Literatur

- Fischer, Roger, u. a.: Das Harvard-Konzept. 16. Aufl., Frankfurt: Campus, 1997.
- Förster, Heinz von: 2 x 2 = grün. Hör-CD. Köln: e+p suppose 1999.
- Glasl, Friedrich: Konfliktmanagement: Ein Handbuch für Führungskräfte, Beraterinnen und Berater. Bern: Haupt Verlag 2013.
- Huffington, Arianna: Die Neuerfindung des Erfolgs: Weisheit, Staunen, Großzügigkeit – Was uns wirklich weiterbringt. München: Riemann Verlag 2014.
- Kepner, Charles H./Tregoe, Benjamin: Entscheidungen vorbereiten und richtig treffen. Rationales Management: Die neue Herausforderung. Augsburg: Verlag Moderne Industrie 1981.
- Lay, Rupert: Wie man sich Feinde schafft. Düsseldorf: Econ Verlag 1997.
- Lay, Rupert: Charakter ist kein Handicap. Persönlichkeit als Chance. Freiburg: Urania Verlag 2000.
- Lorenz, Thomas/Höcker, Angelika: 30 Minuten Wert-voll leben. 2. Aufl. Offenbach: GABAL Verlag 2018.

- Lorenz, Thomas/Oppitz, Stefan: 30 Minuten Selbst-Bewusstsein. Mit dem Myers-Briggs-Typenindikator®. 18., überarb. Aufl. Offenbach: GABAL Verlag 2018.
- Lorenz, Thomas/Oppitz, Stefan (Hrsg): Leading to Performance. Offenbach: GABAL Verlag 2002.
- Lorenz, Thomas/Deuser, Klaus-Jürgen: 30 Minuten Sympathisch und souverän: So geht Vortragen! Offenbach: GABAL Verlag 2017.
- Lorenz, Thomas/Oppitz, Stefan: 30 Minuten An Krisen und Konflikten wachsen. Offenbach: GABAL Verlag 2018.
- Mühlbauer, Helmut: Kriseninterventionen. Seminarunterlage Seefelder Seminare 2014.
- Rosenberg, Marshall B.: Konflikte lösen durch Gewaltfreie Kommunikation. 8. Aufl. Freiburg: Herder Spektrum 2004.
- Schulz von Thun, Friedemann: Miteinander reden. Band 1. Hamburg: rororo 1998.
- Shazer, Steve de: Der Dreh. Überraschende Wendungen und Lösungen in der Kurzzeittherapie. 6. Aufl. Heidelberg: Carl Auer Verlag 1999.
- Watzlawick, Paul: Wie wirklich ist die Wirklichkeit? Wahn, Täuschung, Verstehen. München: Serie Pieper 2005.

Register